Die 60er

Hans Hütt

Die 60er

EIN JAHRZEHNT IN WÖRTERN

Dudenverlag

Berlin

INHALTSVERZEICHNIS

EINE ZEITREISE IN DIE 60ER

Meine Zeitreise taucht ein in das Jahrzehnt, in dem ich zum Teenager heranwachse. Ich beobachte die älteren Geschwister. Sie machen mir manches leichter. Sind die Studenten, die Hippies und die Gammler tatsächlich eine rundum neue Jugend? So sehen sie das. Sie wollen nicht so werden wie die Zigarrenonkel und die Kittelschürzentanten. Wollen sie auch nicht die Nachfolge der Alten antreten? Das schon, aber anders. Die 60er sind unser amerikanisches Jahrzehnt. Optimismus, Lebensfreude und Weltoffenheit sind willkommen. Die Berliner Mauer, die Kubakrise, die Morde an John F. Kennedy, seinem Bruder Robert und Martin Luther King, der Krieg in Vietnam und das Ende des Prager Frühlings mischen Skepsis und Verzweiflung in das Gefühl des Aufbruchs. Geschichte erfährt auch Rückschläge. Aber dann hören wir diese Musik, zu der wir befreit die Nächte durchtanzen.

Wünschen wir uns in die Zeit zurück? Das nicht, aber vielleicht für ein Weilchen, mit diesem Buch?

Viel Vergnügen!

Hans Hütt

Berlin, im November 2018

ALLTAG

Der Alltag erlebt technische Revolutionen. Teflon, Wasch- und Geschirrspülmaschinen erleichtern die Arbeit im Haushalt. Manches ist anfangs komisch wie zum Beispiel die psychedelischen Farbräusche des bunten Fernsehens. Computer faszinieren, wecken auch Sorgen. Die bunte Welt des Konsums heißt uns willkommen.

Computer ■ Der Computer, der die erste Wasserstoffbombe errechnet, heißt MANIAC (Mathematical Analyser Numerical Interpreter And Computer). Mit dem Computer gelangen Werkzeuge des Militärs in den Alltag. Fragen kommen auf: Ist ein Computer noch unfehlbarer als der Papst? Immerhin macht er bei 1000 gelesenen Zeichen nur einen bis drei Fehler. Ist das tolerierbar? Auch der kompletteste Computer kann keinen Ehemann ersetzen. Der Apollo-11-Computer ist bei der Mondlandung so überlastet, dass er das NASA-Personal ermahnt, ihn nicht zu überfordern. Heimliche Angst vor Computern weicht bald der offenen. Pfarrer zitieren in ihren Predigten das Buch »Falsch programmiert« des Informationstheoretikers Karl Steinbuch. Kommt es nur darauf an, dass die Menschen *richtig* programmiert werden? Wer entscheidet darüber? Pekings größter Computer stimmt vor Arbeitsbeginn das Lied »Der Osten ist rot« an, zeichnet ein Bild des Vorsitzenden Mao und schreibt dann in Schönschrift: »Diene dem Volke«.

COMPUTER

Computer ■ *Die Datenverarbeitungsanlage vom Typ IBM 7070 kommt 1960 auf den Markt.*

FARBFERNSEHER

Farbfernseher ◼ Er kommt im Sommer 1967 in die Läden. Jahre zuvor haben die Amerikaner gerätselt, ob John F. Kennedys Smoking flaschengrün oder violett ist. Die deutsche Industrie setzt auf das Bekenntnis der Arbeiterschaft zum technischen Fortschritt und hofft auf den Verkauf von 400 000 Farbfernsehern. Noch bleibt die Mehrheit den Schwarz-Weiß-Geräten treu. Es heißt, der Spaß am bunten Bildschirm werde erst preiswerter, wenn jährlich mindestens eine Million Farbfernseher verkauft werden. Als schließlich der Markt an Fahrt aufnimmt, unterbietet Neckermann die Hersteller mit Kampfpreisen. Zwischen Frankreich und Deutschland tobt der Streit um die technischen Standards. Das von Walter Bruch entwickelte PAL-System setzt sich durch. Ästhetisch übt man sich im Zynismus: Das Bild einer Napalm-Feuersäule gewinne erst in Farbe an Dramatik. Manchmal führt das Einschalten des Geräts zu psychedelischen Farbräuschen: Wollen Sie Charles Aznavour in Alpenglühen oder lieber in Grünspan singen sehen?

Fertighaus ■ Die Idee ist nicht neu, aber der Markt dafür endlich reif. Abfällig heißt es »Haus von der Stange«. Schön ist die schäbige Maßkonfektion nebenan auch nicht. Die Preise sind anfangs viel zu hoch. Der *stern* macht 1963 dem Markt Beine. In Quickborn startet er die Testsiedlung »40 Häuser in 80 Tagen«. Chefredakteur Henri Nannen spricht vom »Porsche« und »Volkswagen des Fertighauses« und träumt von Fabrikanten wie Heinrich Nordhoff, die die industrielle Herstellung revolutionieren. Die gestalterische Qualität lässt zu wünschen übrig. Architekten sind sich zu fein dafür. Kinderzimmer sind winzig, Wohnzimmer zu groß. Familienkrach ist werksseitig eingebaut. Versandhäuser wie Neckermann und Quelle haben die Nase vorn, aber bei Quelle-Häusern quellen zum Ärger der Kunden die Wände auf. Sie saugen sich mit Wasser voll. Guten Eindruck macht das Studio-Haus von Neckermann. Giftige Holzschutzmittel vergällen vielen Käufern die Freude am Eigenheim.

Geschirrspülmaschine ■ Der neue Komfort hat Nebenwirkungen. Der Bräter ist so schwer, dass Mutti, wenn sie sich damit unbedacht hinunterbeugt, mit lädierter Bandscheibe für mehrere Monate ausfällt. In der Reha lernt sie, wie die Maschine korrekt zu befüllen und zu entleeren wäre. Die kleine Küche ist schuld. Vati hätte besser ein Tischgerät gekauft! Der Erfolg der Spülmaschine macht Schluss mt der Legende vom Tellerwäscher, der es zum Millionär bringt. Unter den Dingen, auf die eine Frau von Welt in Notlagen zu verzichten bereit wäre, landet die Spülmaschine auf Platz drei. Die Geschirrmenge, die eine Hausfrau bis zur silbernen Hochzeit spült, ist übereinandergestellt zehnmal so hoch wie der Kölner Dom: 1570 Meter. Die Maschine beseitigt ein Gebirge ehelicher Plackerei. First Lady Wilhelmine Lübke teilt den Hausfrauen mit, dass ihre Spülmaschine Kräfte freisetze, um sich im Hausfrauenbund zu organisieren.

Hawaiitoast ■ Auf Hawaii kennt ihn kein Schwein. Seine Erfindung verdankt sich einer Schwäche des ersten deutschen Fernsehkochs »Clemens Wilmenrod«. Was soll er nur kochen, obschon er das Kochen weder handwerklich noch schauspielerisch beherrscht? Immerhin hat er den richtigen Riecher. Exotik bringt's. Die Fleisch- und Käsewirtschaft liefert quadratischen Kochschinken, der nach nichts schmeckt, und Käse, dessen einziges Talent darin besteht, schnell zu schmelzen. Das bisschen säuerliche Exotik, das die Ananas dem pappigen Elend hinzufügt, muss reichen, um daraus einen kulinarischen Genuss zu machen. Kein Wunder, dass der Toast Hawaii bald auch in der DDR, zehn Jahre später, so beliebt ist – wenn es die Versorgungslage erlaubt. Kuba und Angola machen es Angela möglich. Schwiegermütter streiten mit höheren Schwiegertöchtern über die richtigen Zutaten. Das füllt lange Abende.

PIZZA

Pizza ■ Not macht erfinderisch. So sind die Schwaben zu Spätzle gekommen. In Neapel sind das Holzkohlenfeuer und ein besonderes Mehl mit Wasser, Öl und Salz eine Verbindung eingegangen, die die Welt erobert. Italienische Gastarbeiter, die es in den deutschen Fabriken nicht aushalten, erinnern sich an Talente ihrer Familie. Sie brauchen nur einen anständigen Ofen, um ihre Kunden – anfangs die eigenen Landsleute und dann jene Nachbarn, die ihre Nase nicht im Krieg verloren haben – neugierig darauf zu machen, was da so verführerisch duftet. In San Francisco ist die Pizza das bevorzugte Essen der Beatniks. Sie lehnen die heißen Hunde ihrer Väter ab. Bis die Industrie es schafft, Pizzas als pappige Tiefkühltruhen- ware zu produzieren, vergehen noch ein paar Jahre. Vorerst hält man die Nase in den Wind und folgt dem Duft des Holzkohlenfeuers. Manche Pizzen haben Namen, die die Wirte nicht ins Deutsche übersetzen, um es nicht mit dem Pfarrer oder der Sittenpolizei zu tun zu bekommen: zum Beispiel die himmlische Puttanesca.

PLASTIK

Plastik ■ Der deutsche Pro-Kopf-Verbrauch von jährlich 15,7 Kilo ist 1960 höher als der amerikanische. Noch schätzt man die Unverwüstlichkeit des Materials. Zukunftsforscher Robert Jungk berichtet 1961 aus Mexiko von einem Plastikherd, auf dem Hausfrauen die Mahlzeiten für ihre Familien mit Sonnenenergie kochen. Die US-Spielzeugindustrie rüstet Kinderzimmer auf, zum Beispiel mit dem 90 Zentimeter langen Flugzeugträger »Mächtige Mathilde« für 14,95 Dollar mit einer Besatzung von 100 Mann, zwölf Düsenjägern, neun Bombern, 16 Wasser-zu-Luft-Raketen, vier Hubschaubern, zwei Flugzeugfahrstühlen und einer Zugmaschine. Weltuntergang zum Spielen. Ein Experte warnt vor einem Tischfußballspiel aus Plastik, das so gut gemacht sei, dass es Partys zu sprengen drohe. Die Modeindustrie erfindet Lack und Plastik am laufenden Band. Ein Journalist schreibt: »Ganz Frankfurt wirkt wie von Woolworth geliefert: alles für 50 Pfennig, aus Kunststoff und Cellophan, Nylonkultur.« Verkehrsexperten träumen von Gebüsch aus Kunststoff, das Unfallschäden vermeiden soll.

Teak ∎ So weit weg die Elefanten, die die Stämme aus dem birmanischen Urwald ziehen und aufschichten, so weit weg die Frachter, die es nach Dänemark bringen, bis es verwandelt ist: in ein schlankes langes Sideboard für englisches Porzellan und Silberbesteck, einen ausziehbaren Esstisch, zwölf Stühle, einen Couchtisch, mehrere Beistelltischchen, eine elegante Couch, fünf Sessel und einen Sekretär, in dem Mutti ihre Geheimnisse verstaut. Weiße Wände aus Kalksandstein grenzen das weiträumige, lang gestreckte Wohnzimmer nach draußen ab. Nur ein schmales Fensterband zieht unter der Decke die Außenwand entlang, auf der Katzen paradieren, Einlass oder Austritt begehren. Entworfen hat das Haus ein Architekt, der die Bauhausidee nicht vergessen hat. Weit öffnet sich auf der anderen Seite die Fensterfront zum umsichtig bepflanzten abschüssigen Garten. Die moderne Architektur und das Tropenholz fügen sich zusammen, als seien sie für einander bestimmt. Sorge um den Regenwald spielt noch keine Rolle.

TEAK

Teflonpfanne ■ Sie ist nach der Plackerei mit schweren gusseisernen Brätern und Pfannen ein technisches Wunderwerk, das dank dem Manhattan-Projekt (nicht der Raumfahrt!) den Weg in das Küchengeschirr gefunden hat. Pfannen sind hauchdünn mit Teflon beschichtet, daher leicht zerkratzbar. Frisch bekehrte Hausfrauen freuen sich darüber, dass ein bei geeigneter Temperatur (wie messen ???) hineingeschlagenes Ei nicht sogleich eine nur gewaltsam trennbare Verbindung mit der Pfanne eingeht. Leicht lässt es sich herausheben und unversehrt auf den Teller legen. Makellose Spiegeleier, perfekt marmorierte rosige Steaks und Schweinemedaillons, Bratkartoffeln, die anfangs etwas misstrauisch daraufhin beäugt werden, ob nicht doch superkleine Plastikteilchen an ihnen haften geblieben sein mögen und Jahrzehnte später chronische Leiden verursachen werden. Das Misstrauen gegenüber dem technischen Fortschritt ist durchaus nicht so groß wie die Begeisterung darüber. Bald wird das Material auch zur Metapher für Gedächtnisse, in denen nichts haften bleibt.

ZIGARETTEN**PAUSE**

Zigarettenpause ■ Sie bildet eine Fermate im Übergang von bäuerlicher Zeit zu moderner Industriewelt. Pausen bieten Gelegenheiten, ins Gespräch zu kommen, sich tief in die Augen zu schauen und Indiskretionen auszutauschen. Wo es dazu an Vertrauen fehlt, reichen Anspielungen, die mit einem Rauchwölkchen beantwortet werden. Es gibt sie stumm versunken am Schreibtisch. Noch gehört sie, auch in Zügen und Flügen, zu den Selbstverständlichkeiten des modernen Lebens. Bei Martin Walser schreibt sie Literaturgeschichte. Ausruhen vor dem nächsten Anspannen ist gewerkschaftliche Grauzone, die besser dem gesunden Menschenverstand überlassen bliebe. Nirgendwo wird so viel gequalmt wie in den Pausen am Set. Wer sie unter das Diktat der Stempeluhr stellt, hat etwas nicht verstanden. Tabaklobby, Journalisten und Politiker sind sich einig in dem Genuss. Die Zigarettenpause ermöglicht Rauchzeichen unter Kollegen. Im Lichtkegel einer Schreibtischlampe beflügelt sie das Werden eines Textes. Im Bett verlängert sie das Davor und das Danach.

Zigarettenpause ◼ *Die in der DDR stationierten sowjetischen Soldaten helfen 1964 bei der Kartoffelernte. Gemeinsam genießt man zwischendurch eine Zigarettenpause.*

FAMILIEN

Die Familien werden zum sozialen Labor. Hier prallen die Generationen aufeinander: die Eltern, die Krieg und Hunger erlebt haben, und die Kinder, für die Gehorsam und Autorität nicht mehr ohne Gründe akzeptabel sind. Viel wird auf den Kopf gestellt. Auch die Familienplanung. Die Antibabypille macht's möglich.

Antibabypille

Antibabypille ■ Im Juni 1960 wird sie zugelassen, ein Jahr später bringt sie Schering auf den deutschen Markt. Ihr Erfolg beflügelt den Aktienkurs, auch wenn man nur mit »Behebung von Menstruationsbeschwerden« wirbt. Ärzte beklagen, stilistisch verquast, ohne scharfe Kontrolle werde Deutschland sich in ein sterbendes Volk verwandeln. Ein evangelischer Pfarrer legt in Frankfurt zum Erntedankfest eine Schachtel mit der Pille auf den Altar. Papst Paul VI. verbietet sie. Wegen der Antibabypille befürchten Männer die Entfesselung ihrer bislang treuen Frauen. Die Sorge eines amerikanischen Soziologen, der Mann könne die führende Rolle in der Familie verlieren, ist in Deutschland kein Thema, denn verheiratete Frauen dürfen sie sich nur mit Einverständnis des Gatten verschreiben lassen. Die Pille verdrängt sogar Soraya von den Titelseiten der Illustrierten. Die neu gewonnene Freiheit ist den deutschen Frauen wichtiger. Ein deutschfranzösisches Wörterbuch verzeichnet 1968 Wörter wie »Antibabypille«, »Farbfernsehen« und »Dreistufenrakete«.

Generationskonflikt ■ In den 60ern wird er vehement. Er hat das Potenzial, auch die Gesellschaft zu verändern. Studierende erleben die Notstandsgesetze und den tödlichen Schuss auf Benno Ohnesorg als moralischen Bankrott der Väter. Der Muff von 1000 Jahren an den Universitäten hat ausgemufft. Hippies entkommen endlich der Skepsis ihrer Eltern. Sie stinkt ihnen zum Himmel. Sie lassen sich nicht mehr zum Schweigen bringen. Lange genug wurden Konflikte unter die Teppiche gekehrt. Bernward Vesper schreibt in dem Roman »Die Reise«, was er alles hasst: Deutschland, Straßen, Autos, Berlin, Kinder, den Vater, seine Lehrer. Der Rundumschlag zeigt Wirkung. Er treibt Bündnispartner mit Sympathien für mehr Demokratie auf die andere Seite der Barrikaden. Dass die bundesdeutsche Gesellschaft konfliktfrei sei, erweist sich als Mumpitz. Die Jugend will weder von unseren Irrtümern noch von unseren Erfahrungen und Einsichten etwas wissen, bedauert Hildegard von Hamm-Brücher. Der Neid der Alten auf die Jungen holt Ödipus aus der Versenkung.

Generationskonflikt

Jugendweihe

Jugendweihe ■ Zwei Monate nach Stalins Tod beschließt das Politbüro der KPdSU Maßnahmen zur politischen Gesundung der DDR. Die SED folgt dem Befehl. Ab 1955 verordnet man den Brüdern und Schwestern die freireligiöse Tradition, die sie misstrauisch beäugen. Manche 14-Jährige durchlaufen anfangs noch beide Riten des Übergangs: Konfirmation oder Kommunion und Jugendweihe, weil sie dem Fortkommen dient. Viel Kitsch und Pomp. Victor Klemperer befällt das Grauen. Der Textilhandel empfiehlt ein türks-farbenes Wollkleid mit weißem Faltenrock und einen Burschenanzug mit Glencheckmuster. Eine Cousine aus dem Westen zeigt sich oben ohne. Das geht dem Jugendweihling Tim im Hörspiel von Gerhard Rentzsch zu weit. Ein halbwüchsiger Oberschüler weiß natürlich Bescheid, über das Sichanpassen-müssen, auch über die Brüste. Ohne Jugendweihe kommst du nicht auf die Oberschule. Lehrerkollegien setzen sich ein Soll für die Zahl erreichter Jugendweihen. Die Zahl der Konfirmationen und Kommunionen geht ab den frühen 60ern deutlich zurück.

Kinderladen ■ Junge Eltern versuchen etwas Neues: Sie erziehen ihre Kinder antiautoritär. Verbieten ist verboten. Gar nicht so einfach herauszufinden, was das heißt. Anfangs dienen Kinderläden, in Ladenlokalen und Fabriketagen, der Zeitökonomie der jungen Eltern. Sie brauchen Zeit für politische Arbeit. In staatlichen und kirchlichen Kindergärten prägen Befehle und Verbote den Alltag, von Fällen flagranten Missbrauchs ganz abgesehen. In Kinderläden haben die Bedürfnisse der Kinder Vorrang. Offen gibt man Auskunft: »Wir wissen noch nicht, wie man antiautoritär erzieht.« Es kostet natürlich, auch Geld. Eltern zahlen nach ihren Möglichkeiten und bringen sich ein, mit Kochen, Putzen, Malern. Der Senat unterstützt. Filme dienen als Notizbücher der Selbstkontrolle, wie beim Festival in Oberhausen zu besichtigen ist. Der Psychologe Klaus Holzkamp findet sie sinnvoll. In der DDR werden solche Experimente sofort abgewürgt. »Spiel nicht mit den Schmuddelkindern, sing nicht ihre Lieder«, singt Franz Josef Degenhardt.

Kinderladen

Sandmännchen

Sandmännchen ■ Es weckt Entdeckungsfreude, beflügelt kindliche Träume und macht die Realität der Erwachsenen porös. Heute ist es Astronaut, morgen fährt es Fahrrad, gestern segelte es davon. Wer hat das bessere Sandmännchen? Eindeutig der Osten. Es altert nicht. Das Sandmännchen kennt keine Mauer. Es spielt mit Wünschen, die nicht versteinern. »Kinder sind ernst und kennen keine Unmöglichkeit.« Kafkas Beobachtung ist Sandmännchens Pate für überraschende Ideen. Im Nordwesten gilt das dritte Programm des Norddeutschen Rundfunks als »Sandmännchen für Intellektuelle«, aber nicht als Gutenachtgruß mit Pittiplatsch, sondern als Anregung zum Nachdenken. 1966 versucht der WDR vergeblich, das Ost-Sandmännchen zu kaufen. Die Westvariante sei tantig verkitscht, Jahre zuvor ist es dem SFB um die Senderohren gehauen worden. Versuche, es nach der Wende aus dem Programm zu nehmen, scheitern an wütenden Protesten. Es überlebt den Untergang der DDR gefestigt. Und nun bitte alle den »Abendgruß« mitsingen.

Sandmännchen ◼ *Das Sandmännchen der DDR flimmert Ende 1959 erstmalig über die Bildschirme. Vor allem seine vielfältigen Fahrzeuge wie hier der Sprengwagen, mit dem es in einem typischen Neubaugebiet die Straßen reinigt, machen es überaus beliebt.*

Schlüsselkind ◼ Schlüsselkinder haben keine Rabenmütter. Sie tragen Schlüssel um den Hals und können länger draußen bleiben. Das Wort macht berufstätigen Müttern ein schlechtes Gewissen. Ihnen begegnet aus unerfindlichen Gründen Misstrauen und Unwillen. Doch der leergefegte Arbeitsmarkt der frühen 60er Jahre produziert Schlüsselkinder am laufenden Band. Früh werden Rufe nach mehr Teilzeitstellen laut. Schlüsselkinder spielen auf Trümmergrundstücken und Brachflächen und haben Gleichaltrigen etwas voraus, was die erst später oder nie lernen: Selbstverantwortung. Spielplätze sind so selten wie Ganztagsschulen. Hortplätze und Kinderbetreuung für alle gibt es nur in der DDR. Frei gebombte Flächen werden im Ruhrgebiet zu betreuten Robinson-Plätzen umgebaut. Lange hält sich die Idee nicht. Das Personal sei zu teuer. Herablassend bezeichnen verquaste Sorgenträger Schlüsselkinder als Scheidungs-, Tages- und Technikwaisen mit Liebesmangelschaden und Gemütsverarmung. Was für ein Unsinn!

Schlüsselkind

Sonntagsspaziergang

Sonntagsspaziergang ■ Er führt an den Rhein und die Wupper, ins Bergische Land. Es gibt gedeckten Apfelkuchen und Muckefuck für die Kinder. Unangenehm, dass wir Kinder dafür herausgeputzt werden. Im Wald beengt der Sonntagsanzug. Als das erste Auto angeschafft ist, fährt Mutti mit den Kleinen sonntags nach Lohausen. Dort verzehren sie auf der Terrasse des Flughafens Eisbomben und schnüffeln mit Stuyvesant dem Kerosin der Flugzeuge hinterher. Den Vater zieht es an den Rhein und in den Wald, erst mit den Kindern, kurze Zeit mit dem Hund, dann Jahrzehnte allein. Er bringt Weidenkätzchen mit, Wachteleier, im Herbst Pilze. Wenn die Kartoffeln abgeerntet sind, macht er für die Halbwüchsigen Kartoffelfeuer. Nie erzählt er vom Krieg. An seiner Seite am nebligen Fluss zu laufen ist eine Schule in Melancholie. Günter Herburger erzählt von einem 16-jährigen Jungen, der seinen Adoptivvater eines Tages so satt hat, dass er ihn bei einem Sonntagsspaziergang niederschießt. Die Tat macht ihn nicht glücklich.

Sonntagsspaziergang ■ *Den Weg von der Kirche nach Hause nutzen zwei Mütter mit ihren Kindern für einen Sonntagsspaziergang und haben noch Zeit für einen Plausch. Essen, 1963.*

FREIZEIT

Der Wiederaufbau ist weitgehend abgeschlossen. Das Vergnügen wird wichtiger. Man frönt seinen Hobbys, verbringt das Wochenende in der Datsche, den Urlaub an der Adria. Straßen und Plätze sind nicht mehr nur Aufmarschgebiet des Verkehrs. Die Jugend erobert sie – fürs Gammeln, Musizieren und Demonstrieren. Klammerblues geht auch zur Musik eines jugoslawischen Feuerwehrballs.

Adria ■ Im Sommer der Mondlandung fangen die großen Ferien eine Woche früher an. Im Peugeot 404 fahren zwei Halbwüchsige mit den Eltern an die Adria, das Traumreiseziel der Deutschen. Die meisten zieht es nach Italien, aber auch Jugoslawien öffnet sich für den Tourismus, Kroatien statt Rimini. Adria, das ist das Sirren der Zikaden, der Duft der Pinien, der Karst, die Strände, auf Losinj sind sie steinig. Die Eltern logieren im Hotel, die Söhne auf dem Campingplatz. Eine Kapelle spielt Tanzmusik aus dem Kaiserreich. Hat Genosse Tito die Zeit musikalisch zurückgedreht? Es gibt auch Disko, Procol Harum mit »A Whiter Shade Of Pale«, den ersten Klammerblues, den ersten Zungenkuss für den 16-Jährigen. Bei einem Bootsausflug auf die Insel Susak, berühmt für den Wein, kommt ein Sturm auf, kabbelige See. In der Kajüte hängen die Frauen das Tito-Bild ab, dahinter ein Kreuz. Wieder an Land nehmen der Ältere und die Mutter gemeinsam ein heißes Bad. Der erste Slivovitz, danach Kalbsleber vom Grill und nachts zum Feuerwehrball Opatija-Zigaretten.

Adria ■ *In den 60ern zieht es viele sonnenhungrige Deutsche an die italienische Adria. Wohnwagen reiht sich an Wohnwagen unter schattenspendenden Pappeln.*

Bundesliga

Bundesliga ■ Nur eine kleine Minderheit stimmt 1962 im DFB gegen ihre Einführung. Regeln werden aufgestellt: Auf den Rasen der Bundesliga kommt man als Spieler nicht ohne polizeiliches Führungszeugnis. Ein Stadion braucht Platz für mindestens 30 000 Zuschauer und eine Flutlichtanlage, sonst hätte man um den Pott auch im Pütt spielen können. 16 Vereine werden für die erste Saison ausgewählt. Der FC Bayern, Borussia Mönchengladbach und Bayer Leverkusen bleiben noch draußen. Manche Spieler verdienen mehr als der Bundeskanzler. Elf Jahre nach dem Start gibt es die erste Trikotwerbung, für 1000 DM Jahreskarten für Tribünenplätze und Spieler mit Abitur. Dass der Ball rund ist, ins Eckige gehört und ein Spiel 90 Minuten dauert, beschreibt die »Utopie, sich brüllend über die Grenzen des Daseins hinwegzusetzen« (Albert Cohen). Günter Netzers Pässe veranschaulichen das Prinzip Hoffnung. »Uns Uwe« bleibt trotz Millionenangebots in Hamburg. Alle Spiele werden samstags ausgetragen. Fußball gilt als Beruf.

Bundesliga ■ *Der 1. FC Köln wird am 9. Mai 1964 erster Deutscher Meister der neuen Bundesliga. Mannschaftskapitän Hans Schäfer hebt die Meisterschale in die Luft.*

DATSCHE

Datsche ■ Sprachlich ein Ostimport, gibt
sie Resonanz auf eine Wohnsituation, aus der
kleine Fluchten erstrebenswert sind. Noch die
schäbigste Laube nährt Sehnsucht. Wer eine
Datsche hat, ist privilegiert. Wer eine Datsche
auf dem Darß oder gar in der Nachbarschaft
von Ahrenshoop hat, ist glückselig. Als Rechts-
grundlage dient das vererbbare Nutzungsrecht
an volkseigenen Grundstücken. Meistens sind
sie als Leichtbau in Eigenleistung errichtet und
aufgehübscht, gern an Seeufern und schnell
aus Schkopau oder Lichtenberg erreichbar.
Christa Wolf berichtet getreulich von der
»Weiberfreiheit« in ihrer Datsche in Prieros
Für Material, Ausbau und Reparaturen gibt es
einen eigenen Markt, auf dem Raritäten und
Eigenleistungen Geld ersetzen. Manche Dat-
schen heißen »Nummer elf«, weil sie aus einem
Betonfertigteil der WBS70-Serie bestehen
und ihr die übrigen zehn Stockwerke unter
dem Dachgeschoss fehlen. Keine Datsche
ohne Zaun drum rum. Das Leben in der Dat-
schen-Nische bewahrt vor dummen Gedanken.

Diskothek

Diskothek ■ Sie schießen in den 60ern aus dem Boden wie Pilze nach dem Regen. Berlin, Düsseldorf und München haben die Nase vorn. Im Münchner »Blow Up« treten Pink Floyd, Jimi Hendrix, Sammy Davis, jr. und Amon Düül auf. Zu den Gästen gehören Andreas Baader, Gunter Sachs, Rainer Langhans, die beiden Uschis des Jahrzehnts, Fritz Teufel und Johannes Prinz von Thurn und Taxis. Kommen Sie so bunt wie möglich, heißt es in der Einladung. Die Hippies spielen Kostümparade. Erlaubt ist, was gefällt. Die Deko hält, was sie verspricht. Mehr nicht. Das »Creamcheese« in der Altstadt von Düsseldorf ist dagegen ein Gesamtkunstwerk. Um die Ecke der Kunstakademie gelegen, braucht es nicht den Pomp der besseren Kreise. In Israel verwandeln sich die jungen Offiziere des Sechstagekriegs zurück in die Blue-Jeans-Jüngelchen des Nachtlebens und hoffen auf mehr Demokratie. Ohne lockere Hüften geht auf den Tanzflächen nichts mehr. Tanzlehrer müssen ganz von vorne anfangen.

Fitness ■ Sport ist nicht mehr Mord. Noch quält der Sportlehrer dünne 14-jährige Knaben mit dem Medizinball. Anderes wird wichtiger: der hoch getaktete Wechsel zwischen Anspannung und Entspannung. Der Infarkt ist kein Klassenschicksal mehr, das Büroherz kann aufatmen. Die Hippies sehen nicht aus wie Zwölfkämpfer, halten aber lange Nächte auf der Tanzfläche durch. Ihnen hängt nicht so viel Muskelmasse am Skelett. Ihre Körper sind leicht. Biegsamkeit macht sich nicht nur auf der Tanzfläche bezahlt. Land- und Berufsschulen sind sportlich benachteiligt. Musterungsbefunde der Bundeswehr bringen es an den Tag. JFK, der ohne Korsett keine drei Schritte laufen kann, lobt körperliche Kraft. Sepp Herberger überwacht auch Schlaf und Essen der Nationalspieler. Sein Nachfolger Helmut Schön setzt auf leichte, große Spieler. Einige Leute vom Sozialistischen Deutschen Studentenbund trainieren ihre Fitness bei der palästinensischen Untergrundbewegung El Fatah in Jordanien und bemängeln hinterher den politischen Bildungsstand ihrer Trainer.

*I*llustrierte

Illustrierte ■ Millionen versenken sich in
Lektüre und Fotostrecken. Der *stern* wird
größte Illustrierte der Welt. *Twen* setzt in-
haltlich und gestalterisch neue Maßstäbe. Es
ist das goldene Jahrzehnt der Illustrierten.
43 Prozent der Studierenden lesen mindestens eine Illustrierte. Jede Bildunterschrift ein
zündender Kraftakt. Die Autoren entwickeln
ein ungeheures Schreibtempo. Unentwickelte
Filme werden mit Privatjet nach Hamburg
geflogen. Das Vertrauen der Leser ist grenzen-
los: »Alles, was wir wissen wollen, steht
doch in deutschen Illustrierten.« Katholische
Meinungsmacher dagegen beanstanden
moralische Aufweichung und Zersetzung.
Bikinimädchen gehen tatsächlich besser als
Genosse Mao. *Bunte* macht Krebskranken
falsche Hoffnungen. Gegen alle Kritik an den
Machern schreibt die französische Schrift-
stellerin Nathalie Sarraute: »So widersinnig es
auch klingen mag, der eigentlich Verantwort-
liche für die Wirkung einer Information ist nicht
der, welcher informiert, sondern derjenige, der
informiert wird.«

Illustrierte ■ *Die Auswahl an Illustrierten, die es am Amsterdamer Kiosk zu kaufen gibt, ist groß: Life, Newsweek, Bunte, Look, Die Post, Panorama, Elegance, Revue, Mad Marie-Claire, Constanze, Neue Illustrierte, Woman etc.*

Kofferradio ■ Das Radio drängt auf die Straßen, auf öffentliche Plätze, in die Parks und Freibäder. Picknicks sollen verschont bleiben, schreibt der »Ratgeber für gepflegte Gastlichkeit«. Im Westen trägt man die Geräte in der Armbeuge, im Osten hängt man sie sich um den Hals. Der US-Sender AFN beschallt mit ihrer Hilfe auch Jugendherbergen. Kofferradio-Träger sind überall. Gibt es dagegen ein Gesetz? Was alles über den Äther in die Straßen heult, ist nicht auszuhalten. Radio Luxemburg marschiert ein. Nach Niederschlagung des Prager Frühlings erhalten in der CSSR stationierte polnische Soldaten Kofferradios, um sich auf dem Laufenden zu halten, was in der Heimat passiert. Im Osten sind sie doppelt so teuer wie im Westen. Man nimmt dort Kofferradios sogar mit in die Kinos. DDR-Spione benutzen sie für den Empfang von verschlüsselten Befehlen. John Cage und David Tudor dienen sie als Instrumente für »Musik im technischen Zeitalter«. Gute Form heißt, dass nicht zu viel Messing an ihm glänzt und Drucktasten bitte diskret bleiben.

Kofferradio

sammeln

sammeln ■ Briefmarken seien eine gute Geldanlage. Doch man sammelt auch vieles andere: Affären, geheime Informationen, Goldmünzen, extravagante Rezepte, Kacheln, Zigarrenringe, Kupferstiche, alte Gläser und Möbel, Küchenabfälle für die Schweinezucht in der Ostzone, Sekundärrohstoffe aller Art, Zahlen, Zwiebeln, Gürtelknöpfe, Haikus, alte Autos, französische Impressionisten (Ehrensache!), im Osten aber bitte keine Briefmarken aus NATO-Ländern, leere Bierflaschen in Schlafwagen, Buchumschläge, die so schön sind wie die des Piper-Verlags, Plakate, Falschgeld, das man nicht bei der Polizei abgibt, Erfahrungen, Pilze, Wissen in Maßen, schlechte Risiken, Fakten zur Spiegel-Affäre, russische Erde, Prominenz für die Silvesterparty, in Düsseldorf immer das Außerordentliche, elterliche Gebeine und drei Skelette unter einem Geldschrank, Angriffskräfte, Belege und Listen für das Finanzamt, Abwässer, Ottos (dicke Brummfliegen am Ende des Sommers), Spenden, Wörter aus der Umgangssprache, Streichholzschachteln und Schneekugeln.

GESELLSCHAFT

Sie scheint wie auf den Kopf gestellt. Der Fortschritt zeigt seine Schattenseiten, die Vergangenheit will nicht vergessen sein. Die Formel vom »kommunikativen Beschweigen« beschreibt die Art, wie Eltern und Kinder über die deutsche Geschichte reden. Lässt sie sich aufarbeiten wie ein abgetragener Pelz? Gewiss nicht. Die Jugend findet, wie jede Generation, eigene seltsame Wörter. Ihre Helden entstammen amerikanischen TV-Serien.

amerikanisch ■ Vom Mord an JFK erfahren wir am frühen Morgen durch den ältesten Bruder. William J. Lederer, Autor der Bücher »The Ugly American« und »A Nation of Sheep«, ist ein Freund unserer Eltern und schenkt uns Hawaii-Hemden. Schulfreundin R. zieht mit ihren Eltern 1964 nach Los Angeles. Sie halten es als Überlebende der Shoah in Deutschland nicht aus. Die Eltern lesen Philip Roth, Isaac B. Singer, John Updike, wir die Anthologien »Acid« und »Silver Screen«. Lassie, Fury, Rin Tin Tin und Flipper sind unsere Freunde. Die bezaubernde Jeannie macht das Werbefernsehen erträglich. Vater zieht sich samstags für »Bonanza« eine Weste an. Er freut sich auf Hop Sing, den Koch der Cartwrights. Als Judy Garland stirbt, weinen wir. Dusty Springfield singt »You don't have to say you love me Just be close at hand«. So viel Sentimentalität muss sein. Unser amerikanisches Jahrzehnt bezeugt gemischte Gefühle: Protest gegen den Krieg in Vietnam, Begeisterung für Peter Bogdanovichs Film »Die letzte Vorstellung« (1971). Er verwandelt uns in Bürger einer amerikanischen Kleinstadt.

AMERIKANISCH

Contergan ■ *Das in der Schwangerschaft eingenommene Schlafmittel Contergan führt zu teilweise schweren Missbildungen an Gliedmaßen und Organen bei Neugeborenen.*

CONTERGAN

Contergan ■ Sie ist Pionierin, schon vor ihrer Geburt. Als ihrer Mutter in den frühen Wochen der Schwangerschaft »kodderig« ist, vertraut diese dem »völlig ungiftig« auf dem Beipackzettel und nimmt das Beruhigungsmittel Contergan. In dieser Zeit bilden sich bei einem Embryo die Knospen der Extremitäten, bei ihr auch, aber anders. Als sie 1960 geboren wird, geben die Ärzte ihr nur Tage, bestenfalls Wochen. Sie läuft blau an. Ihr Herz gibt dem Leib zu wenig Sauerstoff. Sie kämpft sich durch: zahllose Aufenthalte im Krankenhaus, immer wieder Operationen, jede lebensgefährlich. Weil die Wetten gegen sie laufen, entwickelt sie ein Selbstbewusstsein, das andere Menschen zu Terroristen macht. Ihr verhilft es zu einem klaren Blick auf die Welt. Sie studiert, wird Lehrerin. Ihre Schülerinnen und Schüler verehren sie. Im Sommer 2003 stirbt sie in der Puszta an einem Gewitter von Schlaganfällen. K. war eine wilde, starke, kluge Schönheit. Unvergessen.

elitär ■ Wer zwischen 1910 und 1930 geboren wurde, hat entweder verblendet, als Mitläufer oder als entsetzter Zeitgenosse ein System terroristisch herrschender selbst ernannter Eliten überlebt. Davongekommene antworten daher skeptisch auf ungeprüfte Geltungsansprüche. Man verteidigt individuelle Freiheit und zieht gelingende Praxis theoretischen Erwägungen vor. Überhaupt gibt das Gelingen den Ton an. Ein bescheidener Optimismus ist zu spüren, der die Heranwachsenden zu nerven beginnt. Auf Avantgarden kann man verzichten. Niemand will jemandem hinterherlaufen, egal wem. Das Wort »elitär« beschreibt einen Vorbehalt, der der Demokratie guttut. Deutschland wird nach dem Krieg erstaunlich egalitär, weiß es nur noch nicht. Und muss es erst lernen: Bloßes Meckern ist noch keine konstruktive Kritik. 1965 wird die frisch gegründete Zeitschrift »Kursbuch« zum Apparat der Intellektuellen. Der Titel nimmt Fahrt auf ins Offene. Die alten Eliten finden es unverzeihlich, dass die neue Linke sie infrage stellt. Die Linken scheinen auf alles eine Antwort zu haben. Wie furchtbar! Aber sie tragen dazu bei, dass unreflektierte Autorität verfällt.

elitär

Establishment

Establishment ■ »Wer zweimal mit derselben pennt, gehört schon zum Establishment« – der Reim bezeugt männliches Gehabe auch be Antiautoritären. Frauen lassen sich das nicht mehr bieten. Das Wort bezeichnet umstandslos alle, die was zu sagen haben. Das reicht vom Pedell der Schule bis zu Unternehmensführern, Fernsehmoderatoren oder Politikern. Hinter der Kritik verbergen sich Ehrgeiz und die uneingestandene Gewissheit baldiger Nachfolge. Die informellen Kontakte zwischen den Eliten in Deutschland sind erstaunlich schwach. Die Schärfe der Kritik lässt sie zusammenrücken. Die Frontstadt Westberlin ist so piefig und ihr politisches Personal so provinziell, dass studentische Proteste legitim wirken. In München, mit dem jungen OB Hans-Jochen Vogel, ist das anders. In Amerika bangt das weiße Establishment vor der Rückkehr schwarzer Veteranen aus dem Vietnamkrieg. Der Begriff hat eine Schwäche, die verzögert offenkundig wird: Er eignet sich für Verschwörungstheorien, die auf Problemanalyse pfeifen und lieber Feindbilder schaffen.

FASCHISTISCH

faschistisch ■ Das Wort ist ein Import. Es führt zurück zu den Rutenbündeln, die als Symbole der Macht vor den römischen Konsuln und Prätoren hergetragen wurden. Benito Mussolini adaptiert das Wort und nennt seine Bewegung »Fascismo«. Als es in den 1920er Jahren den Weg ins Deutsche findet, wird es von den Gegnern der Nazis verwendet. In den 60ern wird es so inflationär gebraucht, dass die historische Unterscheidungskraft flöten geht. Das gilt nicht nur für das offiziöse Deutsch der DDR, das unter rhetorischem Plunder faschistische Mentalitäten überwintern lässt. Die Mauer als »antifaschistischen Schutzwall« zu bezeichnen ist zynisch. Westdeutsche Linke hantieren mit dem Wort zu freihändig. Manchmal treffen sie ins Schwarze, als Studenten des SDS mit der Ausstellung »Ungesühnte Nazijustiz« 1959 der bundesdeutschen Justiz den fehlenden Bruch mit der Nazi-Gerichtsbarkeit vorwerfen. Manchmal offenbart der Überschwang des Wortgebrauchs Konflikte, die weder Vätern noch Söhnen bekommen. Müttern und Töchtern ergeht es nicht anders.

Frauenheld ◾ *Sänger Tom Jones (Foto von 1968) ist Frauenheld und Frauenschwarm – schon lange bevor er seinen Hit
»Sex Bomb« landet. Der Jaguar schadet seinem Image nicht.*

Frauenheld

Frauenheld ■ Das Phänomen ist uralt. Warum spielt es noch eine Rolle? Die Frauen haben gezeigt, was sie können. Sie sind nicht das schwache Geschlecht. Frauenhelden oder Schürzenjäger aber halten an der fixen Idee fest. Klatsch leistet ihrem Ruf Beihilfe. Manche wie Max Frischs Don Juan werden ihrer Rolle überdrüssig und interessieren sich für Mathematik mehr als für das weibliche Geschlecht. Andere setzen darauf, mit Sportwagen Eindruck zu schinden. Sie jagen, bis ihnen selber Hörner wachsen. Auf Opernbühnen überleben sie seit Jahrhunderten. Im Alltag ist Don Juan nicht mehr so richtig *up to date*, wirkt eher etwas lächerlich. Schlagzeilen macht ein niederrheinischer Oberbaurat, der im Laufe von 14 Jahren gleich zwei Ehefrauen erschossen hat. Die zweite hatte etwas gegen seine Freundschaftsanzeigen in Anzeigenblättern einzuwenden. Was für ein Held!

schwul ■ Ein Schimpfwort. Spott, Scham, Kichern. Lüsterne Reportagen über den Krupp-Erben. Wie erlebt ein 16-Jähriger den Ansturm der Gefühle? Im Kino sieht er Pasolinis »Teorema«, Viscontis »Verdammte«, Sperrs »Jagdszenen aus Niederbayern«, Warhols »Flesh«, liest entsetzt Uwe Nettelbecks Artikel über den Triebtäter Jürgen Bartsch, der vier Jungen ermordet hat. Zwei Schulfreunde überleben einen Autounfall, der im Rückblick wie ein versuchter Suizid wirkt. In der BBC soll das Wort »homosexuell« mit kurzer Betonung auf der ersten Silbe ausgesprochen werden. Der hessische Generalstaatsanwalt Fritz Bauer findet den Perfektionismus des Strafgesetzentwurfs von 1962 erschreckend. Der Entwurf hält fest am Paragraphen 175, der seit 1935 homosexuelle Handlungen unter Strafe stellt. Eine Umfrage des Instituts für Demoskopie in Allensbach ergibt, dass 61 Prozent der befragten Männer, 70 Prozent der Frauen den Paragrafen billigen. Zum Verzweifeln. Neurochirurgen verbessern durch Eingriffe die Selbstkontrolle schwuler Patienten. US-Frauenverbände missbilligen, dass Batman schwul scheint.

steil

steil ■ Die Rauchfahnen der chemischen Werke ziehen steil in den nicht blauen Himmel. Bis zur ersten kleinen Rezession zieht fast alles steil an: Börsenkurse, Unternehmens- gewinne, Tarifverträge, der Wechselkurs der Deutschen Mark, die Zuversicht, die Moder- nität. Erst die APO und die Studentenbewe- gung spucken in die Suppe des Steilaufwärts und machen ein Umdenken und eine Kultur des Erinnerns möglich. Das Steile liegt so in der Luft, dass es fast osmotisch seinen Weg auch in die Jugendsprache findet. Als »steiler Zahn« gilt ein attraktives Mädchen. Sie heißt wahlweise auch »Bombe«, »flotte Biene« oder »Wuchtbrumme«. Männern, die so über Frauen reden, fehlt es nicht an Selbstbewusstsein. Sie sehen sich als »Hirsche«, »Macker« oder einfach und bescheiden auch nur als »Stars«. Lange hat sich das »steil« nicht halten können. Liegt es daran, dass die als »steile Zähne« bezeichneten Mädchen zu »Stammzähnen« (festen Freundinnen) wurden? Wohl eher nicht. Sie werden das Weite gesucht haben.

sülzen ■ Sülzen meint nicht das stundenlange auf kleiner Flamme Vor-sich-hin-blubbern-Lassen von Fleischknochen, Fischbäuchen -flossen oder -schwänzen mit labbrigem Substrat als Ergebnis. »Meine Frau, die isst gern Sülze, wenn se keene kricht, dann brüllt se.« Zum Sülzen gehören immer zwei: einen, dem das gefällt, und einen, der sich darin versucht. Wer sülzt, schwadroniert sinnlos herum, um zu gefallen. Das geht schief, meistens. Manche können dennoch vom Sülzen nicht genug bekommen und lassen sich sogar vollsülzen. In der Fachsprache der Jäger handelt es sich beim Sülzen um das Anlocken von Wild durch Salzlecke. Auf Salz fahren Sauen und Böcke ab. Durch lecker Salz eingelullt können sie leichter abgeknallt werden. Im alltäglichen Sprachgebrauch quasselt einer, der sülzt, langweilig, umständlich, blöd und zu viel daher, produziert eine schwabbelige Masse aus Wörtern, auf kleinster Flamme eingekocht. Es wird nicht besser.

sülzen

KULTUR

Die Welt verwandelt sich in eine Probebühne. Alle spielen mit, manche nur widerwillig. Die Musik der Beatles, der Doors, der Rolling Stones und von Jimi Hendrix stellen die Welt auf den Kopf. Neben dem Mainstream, wie ihn die Massenmedien vorstellen, blühen auch Underground und Subkultur.

Beatles ■ Sie sind ein wertvoller Posten in der britischen Handelsbilanz. Die Queen erhebt sie zu Ordensmitgliedern, ohne dass sie einen Krieg gewonnen hätten. Sie haben die Haare schön, auch wenn das manche noch anders sehen. Eine Berlinerin würde ihren Sohn mit so langen Haaren totschlagen. Doch die Teenager lieben sie, stürmen die Konzerte der Pilzköpfe, kreischen und schluchzen. Was erklärt ihren Erfolg, erst in der Arbeiterstadt Liverpool und dann weltweit? Was sind das für Töne, für Rhythmen, für Texte? Da wackeln nicht nur die Ohren. Sie laden zum befreiten Tanzen ein. Ihre Texte sind lustig, melancholisch und tiefsinnig, voller Spott. Sie spielen mit den Konventionen, erzählen ganze Geschichten. Was für ein Kontrast zu deutschen Schnulzen! Als sie für Queen Mum auftreten – zu den Stars des Abends gehört auch Marlene Dietrich –, fordern sie das Publikum auf den billigen Plätzen dazu auf, auf den Stühlen zu trommeln. Die erlauchten Gäste sollen mit den Klunkern klackern.

BEATLES

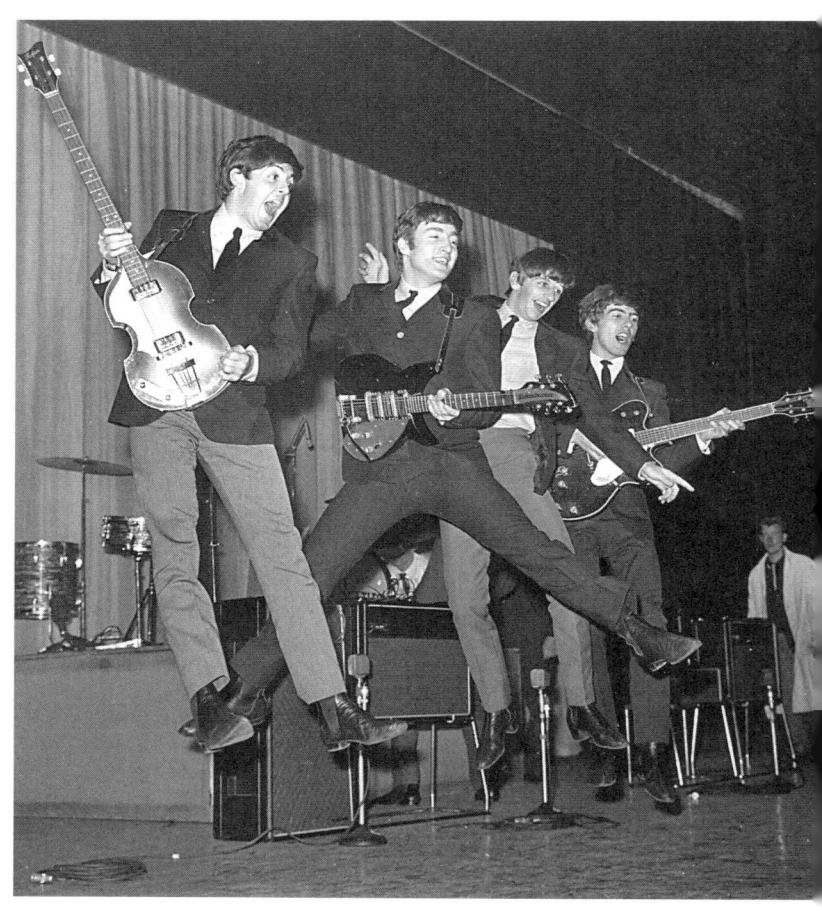

Beatles ■ *Paul McCartney, John Lennon, Ringo Starr und George Harrison (hier 1963 im Prince of Wales Theatre in London) revolutionieren in den 60ern die Musik. Vor allem die Jugend feiert sie frenetisch.*

Bitterfelder Weg

Bitterfelder Weg ■ Es geht ein Lüftchen aus von Bitterfeld, das nicht Chemiegeschichte schreibt. Man will 1959 die Kulturpolitik der DDR aufmöbeln, die Arbeiterklasse auch literarisch zu Wort kommen lassen: »Kumpel, greif zur Feder!« Sprache wird zum Werkstück, Rohstoff und Halbzeug, der Ton soll realistisch sein. Erik Neutschs Roman »Spur der Steine« scheint die Kriterien zu erfüllen. Er wird mit Manfred Krug in der Hauptrolle verfilmt: ein Western auf einer Großbaustelle des Ostens. Der Film darf jedoch nur wenige Tage gezeigt werden und verschwindet bis 1989 im Archiv der DEFA. Ist er zu realistisch? Weltniveau ist das erklärte Ziel. Doch lässt man das »u« weg, entsteht nur Weltnivea. Im Westen heißt der Bitterfelder Weg »Werkkreis Literatur aus der Arbeitswelt«. Autoren wie Max von der Grün und Erika Runge erzählen hier Industriegeschichte. Ein neues Feld tut sich auf für Reportagen, wie Günter Wallraff zeigt. Dieter Süverkrüp dichtet das Kinderlied vom Baggerführer Willibald.

Comics

Comics ■ Comics machen Fremdes vertraut, Vertrautes fremd. Eine cholerische Ente wird Weltstar, weil sie sich in Konflikte stürzt, die uns bekannt vorkommen. Ein kleiner Gallier wird durch Zaubertrank unbesiegbar. Helden und Anti-Helden ermöglichen einen anderen Blick auf die Welt. Der Lateinlehrer lässt uns die Asterixbände in die Sprache der Römer übersetzen. Zack, sind wir Gallier! Hören wir danach Ovids »Metamorphosen«, klingen sie lautmalerisch wie Comics. Als die Kunstsammlung Nordrhein-Westfalen Bilder des Pop-Art-Malers Roy Lichtenstein kauft, brechen alle Dämme. Comics sind nun museal! Bei einem Buchhändler entdecken wir die wilden Comics von Robert Crumb, die die Tabus des Establishments brechen. Sind sie unseren Träumen entsprungen? Sie machen Grenzen zwischen dem Tragischen und dem Lächerlichen durchlässig, ersparen uns das Erhabene. Ein begabter Mitschüler macht sich die Technik zu eigen und malt eine Karikatur des Klassenlehrers an die Tafel: »Und jeden Morgen eine Banane quer, gell?«

Happening ■ Das Publikum wird Mitspieler. Gesche-
hen verwandelt sich in das versuchsweise Abtasten
eines sozialen Raums. Was ist möglich? Was passiert?
Alles ist improvisiert. LASST EUCH PROVOZIEREN!
Das gefällt nicht jedem. Kritiker ärgern sich über
»Pseudo-Events«. Das »pseudo« offenbart Urvertrau-
en in das Reale. Endlich wird es auf die Probe gestellt.
In Happenings der protestierenden Studierenden
werden ihre Widersacher zu Mitspielern. Ihr Wider-
stand ist Teil des Spiels. Provos setzen in Amsterdam 100 Hennen aus mit einem Zettel am Hals, sie
nach Vietnam zu schicken. Aus der To-do-Liste der
Kommune 1: Eier mit Farbe füllen beim Sozialistischen
Deutschen Studentenbund, Hydranten losschrauben,
Rauchbombe in Gedächtniskirche werfen, Mobiliar
bei Kranzler rauswerfen. Joseph Beuys lässt sich mit
einem toten Hasen in einen Teppich wickeln und teilt
über ein Telefon mit, was los ist. Viel ist nicht zu hören.
Im Happening wird erprobt, was es bedeutet, sich dem
Ungewissen auszusetzen. Versteinerte Autoritäten
halten das nicht aus.

Happening

Hitparade ■ Sie ist ein Marketinginstrument der Musikindustrie. Paraden werden zivil, ein Hit nach dem anderen: Dur, Moll, doll. Kaufentscheidungen werden zusammengezählt. Was für eine Freude, wenn du merkst, dass die Single, die du gekauft hast, auch von anderen geliebt wird. Der Einsame in der Masse fühlt sich gehört und in seinen Vorlieben bestärkt. Hitparaden sind ein früher Feedback-Kanal zwischen Musikindustrie und ihren Kunden. Den Anfang machen die Jukeboxes. Welche Lieder werden am meisten gedrückt? Darüber berichtet wöchentlich die Zeitschrift »Der Automatenmarkt«. Die Top 40 gibt es, weil in die Wurlitzer nur 40 Platten passen. Frühe Vorreiter sind außerdem der RIAS mit »Schlager der Woche«, der NDR mit dem »Musikautomat«, Dieter Thomas Hecks »Deutsche Schlagerparade« beim Saarländischen Rundfunk und der »S-F-Beat« des Senders Freies Berlin. 1969 startet Heck die ZDF-Hitparade im Fernsehen. Bei ihm können auch Omas schluchzen, wenn Karel Gott, Heintje, Manuela oder Rex Gildo in die Mikrofone sülzen.

Hitparade ■ *Dieter Thomas Heck moderiert die ZDF-Hit-parade von 1969 bis 1984. Sie wird immer live gesendet und etabliert sich für viele Jahre im deutschen Fernsehen.*

Massenmedien ■ Ob sie politische Meinungsbildung ermöglichen oder behindern, ist nicht so klar, wie viele glauben. Zeitungen, Rundfunk, Fernsehen – das Wort »Medien« wird erst in diesem Jahrzehnt geläufig – bestätigen die Meinung ihrer Leser, Hörer und Zuschauer, können sie auch verstärken, selten tatsächlich verändern. Den Kirchen fällt es schwer, mit ihnen umzugehen. Der Hunger nach Unterhaltung wächst durch sie ins Unersättliche. Anspruchsvolles gibt es nur in Nischen. Früh werden sie zu Autoritäten der Lebenshilfe, prägen öffentliches Nachdenken und fördern den Konsum. Mächtige mögen sie nicht, wenn sie die Wahrheit verraten. Nur: Was ist Wahrheit? Tatsächlich erschweren sie die Unterscheidung zwischen Realität und Schein. Sie machen uns passiver, als uns guttut. Der von ihnen verabreichte Kulturbrei geht allzu glatt hinunter. Wären sie plötzlich nicht mehr da, gäbe es ein unerträgliches Vakuum. Hat Ödipus wirklich mit seiner Mutter geschlafen? Massenmedien leben von Tabus genauso gut wie von Tabubrüchen.

Massenmedien

Pop ■ Der »Pop Shop« des Südwestfunks startet am ersten Januar 1970. Wenige Jahre vorher schlägt die Geburtsstunde deutscher Bands wie Amon Düül aus München, Can aus Köln, Tangerine Dream aus Berlin. Das Lied »Mit 17 hat man noch Träume« von Peggy March stürmt die Hitparaden. Hinter Peggys »noch« machen wir ein leises Fragezeichen. Singt da unsere Oma? Drafi Deutscher ist mit »Marmor, Stein und Eisen bricht« ein seichtes Beispiel für die neue Popmusik, auch wenn die erste Zeile »Weine nicht, wenn der Regen fällt, dam-dam, dam-dam« fast surrealistisch klingt. Françoise Hardys Chanson »Einmal, wenn du gehst« von 1969 ist ein Lied für die reifere Jugend. Im Pop als Sammelbegriff fürs Populäre mischen sich die Stile und Genres. Populär ist, wer mehr als 20 000 Platten verkauft. David Bowie ist noch Geheimtipp. Mit »Space Oddity« aber liefert er das Lied für das Jahr der Mondlandung: »The stars look very different today.« Stanley Kubricks Film »2001: Odyssee im Weltraum« hat Bowie auf die Idee gebracht.

Rock ■ Jetzt wird es hart und laut. Die Akkorde setzen dich unter Strom, treffen dich wie ein Hieb. Es zuckt in dir. Schon springst du selbst. Rock befreit dich. Er übernimmt die Kontrolle. Den Widerspruch zwischen Freiheit und Kontrolle löst du im Tanz auf. »I can't get no satisfaction.« Der Song der Rolling Stones erzählt eine Geschichte, in die du einstimmst. Es sieht so aus, als ob du dabei tiefste Befriedigung erlebtest – von wegen *no satisfaction*! Jimi Hendrix und Jim Morrison finden die Klänge und die Wörter für das Lebensgefühl des Rocks. Hendrix zerfetzt mit Gitarrenakkorden das Sternen-Banner. Die Doors holen mit ihrem Lied »The End« den Ödipus-Komplex in den Rock. Ihr lakonisches Fazit, es tue weh, sich zu befreien, klingt wie ein Menetekel der 60er Jahre. Jim Morrison hat es gewusst. Sein Grab auf dem Friedhof Père Lachaise wird zum Wallfahrtsort. In London besuchen wir 1968 den Marquee Club, das Zentrum der britischen Rock-Szene. Rory Gallagher singt an diesem Abend, ein Sänger, der erzählt.

STEREO

stereo ■ Töne erhalten endlich Raum. Bis 1964 wird in Deutschland nur mono gesendet. Es geht dadurch Tiefe verloren. Die Stimmen aus den Radios und den Fernsehern bleiben flach. Mono entspricht nicht dem Hörsinn. Wofür haben wir zwei Ohren? Na? Jetzt wird der Raum hörbar. Hören Sie das Gespenst aus der linken Ecke Ihres Wohnzimmers? Nein? Dann drehen Sie bitte den Regler in die andere Richtung. HUUUUH! Der Hörsinn ist in der Hierarchie der Sinne der älteste. Unsere Vorfahren verdanken ihm ihr Überleben. Er ist das früheste Alarmsystem der Menschheitsgeschichte. Manche Töne wirken als Fluchtsignale. Die Richtung, aus der sie kommen, ist entscheidend: Von wo droht Gefahr? Aber gilt das auch für unsere Wohnzimmer? Da erst recht! Der WDR gibt Hilfestellung: »Zur Prüfung der Seitenrichtigkeit hören Sie jetzt links ein langsam schlagendes Metronom. Tick-tack-tick-tack.« Anfangs gibt es stereo nur stundenweise. 1965 kommt ein Stereolippenstift auf den Markt, zweifarbig. Eine andere Geschichte, etwas irreführend, aber unheimlich.

Subkultur ■ Der Subkultur Berliner Gammler ist es untersagt, sich auf den Podesten vor der Kaiser-Wilhelm-Gedächtniskirche zu lümmeln. In der Studentenschaft bildet sich eine antiautoritäre Subkultur. Die schwule Subkultur, kurz »Sub«, befindet sich infolge von Strafgesetzen noch hinter Türen, die sich nicht jedem öffnen. San Francisco ist die Hauptstadt der Subkultur der Hippies. Es gilt das Gesetz: Erlaubt ist, was gefällt. Als Grundrechenarten gelten Liebe, Drogen und Sex. Die 60er sind eine Blütezeit der unterschiedlichsten Subkulturen. Sie wollen nicht alle dasselbe, doch sie alle wollen eine Alternative sein zu dem, was bislang als gut und richtig galt. Sie bilden eigene Formen, Sitten, Sprachen und Gebräuche aus, neue Künste, ein anderes Bewusstsein. Der Außenwelt bleiben sie fremd und verschlossen. Sozialwissenschaftler versuchen diesem Hindernis durch teilnehmende Beobachtung beizukommen. Nicht ganz einfach.

twisten

twisten ■ Jetzt geht es ums Körpergefühl.
Gar nicht so leicht in einer verknöcherten
Welt, die erst aufgerüttelt werden muss. Haltet
die Schultern still, kreist mit dem Becken,
rollt die Hüften. Der Tanz sei Neo-Rock 'n' Roll,
heißt es. Dabei ist der Rock selbst noch neo.
Man braucht beim Twist keine Partnerin.
Berühren verboten. Arme ausstrecken,
Gewicht von rechts nach links verlagern,
die Hüften schwenken. »Man wackelt, hüpft,
zuckt, schlenkert, schleudert, dreht«, schreibt
ein Beobachter in der *Zeit*. 1961 erobert es
die Welt: Jacky Kennedy, Greta Garbo, Noel
Coward und Robert McNamara twisten. Doch
wenn in Deutschland beim Manöverball ge-
twistet wird, verlassen die Offiziere das Parkett.
In Bulgarien ist es verboten, in Armenien nicht.
Da twistet man sogar besonders fantasievoll.
Je weiter man im russischen Einflussbereich
nach Osten kommt, desto liberaler wird es. Auf
der »Queen Elizabeth« gibt es fürs Twisten
eigene schalldichte Räume. Das ältere Publikum
soll sich nicht beschweren.

twisten ■ *Beim Twist werden nicht nur die Fußspitzen ver-
dreht, sondern der ganze Körper. Durch den Hit von Chubby
Checker »Let's Twist Again« (1961) wird er weltweit berühmt.
In der DDR singt Manfred Krug »Twist in der Nacht« (1963).*

Underground ■ Im Film »Empire« (1964) von Andy Warhol sehen wir das Empire State Building in einer einzigen Einstellung. Warhol verlängert die Vorführung des acht Stunden und fünf Minuten langen Films auf das Doppelte, indem er die Projektion verlangsamt. Man erfährt, wie die Zeit verstreicht. Underground blüht auf unwirtlichem Gelände, in Höhlen, Bunkern, Kellern und Ruinen. Er wendet sich wie eine allergische Reaktion gegen alles Bekannte und Hergebrachte. Fremdheit und Eigensinn prägen ihn, hart am Rand zum Wahnsinn. Im Jahr der Mondlandung sagt der Underground: »Ziel eurer Mondfahrt seid ihr selbst. Haltet ihr das aus?« Underground produziert Lärm, wie ihn die Welt noch nicht gehört hat, und Stille, die nicht auszuhalten ist. Wenn er Träume zulässt, dann Albträume. Seine Klänge sind brachial. Er findet sie überall, wie der junge Frank Zappa, der 1963 in der »Steve Allen Show« sein »Concerto for Two Bicycles« mit Steve Allen aufführt. Das Studioorchester darf dazu Krach mit den Instrumenten beisteuern, aber bitte keinen einzigen normalen Ton.

Underground

MODE

Dass neue Frisuren polarisieren, ist nicht neu. Eltern gehen auf die Barrikaden, wenn ihre Jungs sich Pilzköpfe wachsen lassen wollen. In der Mode wächst Lust auf neue Farben, Formen und Materialien. Die Vielfalt reicht vom Schlabberlook bis zu Mary Quants Minirock. In Beige gehüllte Rentnergangs gruseln sich vor den Hippies, schauen aber auch nicht weg.

Ballerinas ■ Sie sind die erdgebundene Antwort auf die Flügelschuhe eines Götterboten. Stöckel-gequälten Damenfüßen tun sie gut, gäbe es nicht insgeheim die Sorge, dass auf Knick-, Senk- und Spreizfuß auch noch ein Plattfuß folge. Ihre Leichtigkeit verleiht den Trägerinnen etwas Beschwingtes. Hochgewachsene Frauen wie Audrey Hepburn bedienen sich ihrer, um ihre männlichen Partner nicht so klein aussehen zu lassen. Eitelkeit aber überwiegt gegenüber dem Mitgefühl. Ihr Schnitt macht es möglich, die Fußrücken ihrer Trägerinnen zu bewundern. Sie scheinen jederzeit zum Tanzen bereit zu sein, womit ihr Name erklärt ist. Ballerinas sind Tänzerinnen. Wer allerdings ganze Sommer in ihnen auch auf unebenem Gelände unterwegs ist, tut gut daran, das Fußgewölbe zu pflegen. Gerne werden sie zusammen mit Röhrenjeans getragen, wenn für das An- und Ausziehen geeignete Werkzeuge bereitliegen.

Ballerinas

Boutique ■ Sie ist die Urgroßmutter der Flagship-Stores. In Preußen hieß sie Budike, in denen es Soleier und kalte Buletten zum Bier gab. Manche verstecken sich noch immer hinter Butzenscheiben. Nun schreiben sie sich »Boutique« und sind auf kleine Segmente der neuesten Mode spezialisiert. Die größten Margen erzielen sie bei Mitnehmseln wie Gürteln oder Schals. Im Unterschied zu Freundinnen gelten begleitende Ehemänner als Umsatzbremse. Die Seitenstraßen des Kurfürstendamms werden in Westberlin ihre Heimat, als die Puffs ausgezogen sind. In Paris sind sie am linken Seineufer zu finden. Mary Quant ist mit dem »Bazaar« in King's Road ihre Hohepriesterin. Carnaby Street ist Wallfahrts-ort der europäischen Beat-Jugend: Hier findet man enge Hosen in Purpur oder Quittengelb und verwegen geschnittene Jacken. Under-ground-Boutiquen gelten als Sumpfhöhlen, mit Patschuliöl, Porno-Comics, Druck-Erzeugnissen und Protestgewändern für die Internationale der Gammler und Hippies.

Boutique ■ *In einer Berliner Damenmoden-Boutique berät eine Verkäuferin zwei Kundinnen bei der Auswahl von Handschuhen.*

Cordhosen

Cordhosen ■ Zu Hause sind sie in zwei Welten, die gegensätzlicher kaum sein können. Auf der einen Seite gibt es die Breitcordhosen (ihre Träger sind ohne Pfeife und ausgeleierte Rollkragenpullover undenkbar) und die grünbraunen Gärtner-Cords, von denen man nicht weiß, ob sie oder ihre Träger älter sind. Auf der anderen Seite die Cordjeans in allen Farben des Regenbogens, die so aussehen, als seien sie – unisex! – auf die Leiber ihrer jugendlichen Trägerinnen und Träger geschnitten. Sie riechen auch anders, werden im Laufe unentwegten Tragens immer weicher und kommen meistens zusammen mit olivgrünen Parkas oder Dufflecoats – die mit den Knebelknöpfen. Zu ihnen gehören unbedingt auch breite Gürtel. Im Osten sieht man noch über Notzeiten gerettete Zimmermannshosen an Leuten, die bald ihre Rente beantragen. In Berlin riskieren bärtige Brillenträger in Cordhosen Prügel, berichtet der *Abend*. Selbst Snobs tragen sie, wechseln sie aber immer mal wieder gegen Smokings. Bei Heranwachsenden erzählen sie – Hochwasser! – von Wachstumsschüben.

Einkaufszentrum ■ Sie liegen gut erreichbar im Niemandsland. Der Einzelhandel in den Citys ist anfangs unglücklich darüber. Für Bewohner von Neubausiedlungen sind sie willkommene Nachbarn. Vorbilder stehen in Amerika und in Schweden. Erste Geldgeber kommen aus Kanada und der Schweiz. Früh findet man heraus, dass erst zusätzliche Angebote sie attraktiv machen: Bankfilialen, Friseure, Kosmetiksalons, Postämter, Kinderspielplätze, Kindergärten, Kegelbahnen, Nagerfutterläden mit Gelegenheiten, sich zu verlieben, Schwimmhallen, Cafés und Restaurants. Früher Vorreiter ist das 1964 eröffnete Main-Taunus-Zentrum westlich von Frankfurt, die erste Einkaufsstadt für Fußgänger, gut erreichbar auch durch den öffentlichen Nahverkehr. »Frau Maier, Ihre Bärbel finden Sie im Kindergarten«, ist durch Lautsprecher zu hören. Das »Kinderparadies« ist noch nicht erfunden. Im MTZ finden auch kleine Einzelhändler eine Nische. Die Angst der innerstädtischen Geschäftsleute hat sich gelegt. Rechtzeitig kümmern sich die Kommunen darum, dass die Innenstädte nicht veröden.

Einkaufs**zentrum**

Fummel ■ Ein Wort aus der Zwischenwelt zwischen textiler Fantasie und haptischen Bedürfnissen. Der Fummel und das Fummeln sind beide nichts für den Arbeitsplatz, ganz egal, wo dieser sich befindet. Der Fummel ist das bisschen Stoff, das den Körper noch hinreichend bedeckt, aber auch leicht abzustreifen ist. Das Verb dazu gehört zum Anbahnen freundlichen Näherkommens und ist nicht nur eine Lieblingsbeschäftigung von Heranwachsenden. Das eine muss dem anderen nicht hinderlich sein, kann es vielleicht sogar fördern. Er kann schick sein, schräg, gewagt, eng, knallig, seltsam, sexy, auch heiß; wird gerne auch einen Hauch zu klein getragen. Modisch muss er nicht sein. Federboas sind zum Beispiel zeitlos, manchmal nur ein bisschen zu viel des Guten. Beliebt ist der Fummel auch für Grenzgänge zwischen den Geschlechtern. Wer dafür kein Auge hat, kann sich leicht vertun. Dann ist das Fummeln besser zu unterlassen, es sei denn … aber das ist ein anderes Kapitel.

FUMMEL

Mini**rock**

Minirock ■ Er ist Mary Quants textile Antwort auf Jean-Paul Sartres Buch »Das Sein und das Nichts«: Er fügt dem Nichts etwas hinzu, das dem Sein gut bekommt. Erstmals ist er 1962 in der *Vogue* zu bewundern. Danach dauert es nicht lange, bis Königin Elizabeth der Modeschöpferin dafür einen Orden verleiht. Alter Landadel bleibt bei Loden, während junger Geldadel mehr Wert auf weniger Textil legt. Die Miniröcke der Freundinnen englischer Fußballspieler sind die kürzesten. Als sexistisch gilt, ihn nur als Verpackung zu betrachten. Das weibliche Knie ist durch ihn nicht mehr nur Thema für Orthopäden. Auch die berühmteste Witwe der Welt trägt ihn: Jackie Kennedy Onassis. Puritaner rümpfen darüber die Nase. Griechische Obristen und libanesische Sozialisten verbieten ihn. De Gaulle versucht das in Frankreich vergeblich. Die Gattin eines Garnisonskommandeurs in der Eifel meint, der Minirock lasse sich nicht mit der Würde einer deutschen Offiziersfrau vereinbaren. 1967 gibt es ihn auch aus Rotfüchsen.

Minirock ■ *Ein junges Mädchen im Minirock zieht sich
frische Pommes aus dem Automaten. Das knappe Kleidungs-
stück erreicht 1964 Deutschland. Die jungen Frauen sind
begeistert über so viel Beinfreiheit.*

Pilzkopf

Pilzkopf ■ Die Frisur hat nichts mit Pilzen zu tun, sieht ihnen nur aus der Ferne ähnlich. Sie umgibt den Kopf ihrer Träger wie eine aus eigenen Haaren gewirkte Haube. Wir verdanken sie den Beatles, die den Topfschnitt mit lang in die Stirn fallendem Pony zu ihrem Markenzeichen machen. Sofort werden sie von ihren Fans nachgeahmt. Manche Eltern finden ihre pilzköpfigen Jungen schmuddelig. Sie sähen sie lieber adrett gekämmt und gescheitelt. Fassongschnitt! Sogar auf dem Münchner Viktualienmarkt sieht man zum Missfallen mancher Bürger Pilzköpfe, aber nicht bei den Gemüsehändlern, sondern als Passanten. Im Jesuiteninternat St. Blasien lässt man 16-Jährige Aufsätze über Gammler und Pilzköpfe schreiben. Beide Gruppen seien Asoziale und Kriminelle, von denen die Gesellschaft nur Schlechtes erwarten könne, schreiben die Zöglinge auf Geheiß ihrer Lehrer. Für viele repräsentieren Pilzköpfe die unheilige Dreieinigkeit von Pop, Sex und Sozialismus. Der elterliche Befehl, den Pilzkopf zu scheren, veranlasst einen Lehrling dazu, sich das Leben zu nehmen.

NEUES LEBENSGEFÜHL

Verbieten ist noch nicht verboten, aber es wird erprobt. Nicht ganz einfach für die ältere Generation, die zu viele Verbote widerspruchslos befolgt hat. Hippies nehmen bewusstseins-erweiternde Drogen, erheben freie Liebe zum Ideal, suchen Alternativen zu Konsum- und Leistungsgesellschaft.

antiautoritär ■ Wer Autorität nur akzeptiert, wenn sie begründet wird, steht anfangs auf verlorenem Posten. Es ist kaum 20 Jahre her, dass Befehlsverweigerer erschossen wurden. Doch schließlich findet die antiautoritäre Idee aus dem späten 19. Jahrhundert in unseren 60ern zu einer neuen Blüte. 16-jährige Schüler denken sich eigene Deutsch- und Geschichtskurse aus. Junge Referendare (»Deutschmüller«!) machen mit. Es zeigt sich: Wer antiautoritär sein will, braucht Zeit. Alles muss begründet werden. Auch ohne Mut geht es nicht. Urentwegt ist Widerspruch nötig. Die Gegner sind nicht zimperlich. Antiautoritäre seien unausgegoren, unreif, subversiv, anmaßend, geschmack- und urteilslos, außerdem seien ihre Hälse ungewaschen. Dass Autorität ohne Vertrauen und ohne Gründe nicht mehr gilt, rührt an ein gut verdrängtes Trauma der eigenen Geschichte, an das Eltern und ältere Lehrer sich nicht erinnern wollen. In Entenhausen kritisieren Tick, Trick und Track Lehrer Donald als Ausbeuter. Wer aber angibt, sich beim Quadratwurzelziehen den Daumen verletzt zu haben, gilt bei Donald als entschuldigt. Hey!!!

ausdiskutieren

ausdiskutieren ■ Das Wort fügt dem Diskutieren eine ungemütliche Silbe hinzu. Das »aus« lässt ein Ende der Debatte erst zu, wenn die eigene Position sich durchgesetzt hat, sei es durch Ermüdung der Gegenseite oder durch Abbruch. Dass etwas strittig bleiben kann, hat sich unter den Studierenden der 60er noch nicht herumgesprochen. Sie legen eine besonders hartnäckige Vorliebe fürs Ausdiskutieren an den Tag. Das Wort bezeugt im Grunde nur, dass man sich einig darüber ist, noch uneins zu sein. Die Mühle geht also weiter. Bei Lichte betrachtet, versteckt das Wort einen Widerspruch in sich selbst. Es bricht mit der Tradition des Diskutierens als Klärungsgespräch im Wettstreit von Meinungen. Wer Widerspruch nicht aushält und ausdiskutieren will, für den gilt nur die eigene Position als richtig. Gesamtdeutsche Kontakte sind keineswegs ausdiskutiert, mosern ihre Gegner. Die Tschechoslowaken erliegen dem Irrtum, Kinderkrankheiten des real existierenden Sozialismus ausdiskutiert zu haben. Panzer des Warschauer Pakts beheben im August 1968 diesen Irrtum.

Drogen ■ Die Drogen der Eltern (Alkohol, Tabak, Pervitin, Valium) werden von den Kindern gemieden. Sie wollen andere Pforten der Wahrnehmung durchschreiten. *Lucy in the sky with diamonds*. Bis Drogenfahnder herausfinden, dass John Lennons Lied LSD besingt, dauert es. Gefühle der Erhebung sind nicht mehr religiös, sondern verdanken sich der Rauschwirkung von Cannabis. Helfen Drogen den Hippies der Realität auf die Spur zu kommen? Oder erleichtern sie den Abschied von der Realität? Sie probieren es aus und merken: Paradiese sind zeitlich befristet. Die konservative *Times* druckt im Juli 1967 eine ganzseitige Anzeige, unterzeichnet von den Beatles, Brian Epstein, Graham Greene und David Hockney, mit der Botschaft: »Das Verbot von Marihuana ist unmoralisch.« Auf nichts reagiert das Establishment so allergisch wie auf die Ablehnung seiner Lebenslügen: Hartes Trinken ist normal, Kiffen verwerflich. Amerikanische Pharmakologen finden bei Experimenten heraus, dass halluzinogene Drogen an der Ostküste anders wirken als an der Westküste. Niemand macht den Küsten deshalb Vorwürfe.

Drogen

gammeln ■ Gammler sind jung, arbeiten wenig, reisen viel und wollen nicht allein sein. Sie kommen aus allen Schichten, mehr Jungen als Mädchen. Sie bevorzugen große Städte, malen und verkaufen Bilder, musizieren, lassen sich fotografieren, sind freundlich, haben keine Ressentiments, wecken sie aber bei anderen. Schlafen im Freien gilt ihnen als Menschenrecht. Sie betrachten ihr Gammeln als Durchgangsstadium. Sie sagen ein sehr entschiedenes Nein zur Leistungsgesellschaft. Stärker kann der Protest nicht sein, den sie durch ihre leibhaftige Abkehr zum Ausdruck bringen. Ihr Eigentum ist, was sie am Leib tragen. Von zu Hause laufen sie weg, weil ihre Eltern autoritär sind. Das wenige, das sie haben, teilen sie gerne. Sie wollen intensiv leben, sprechen viel miteinander. Ihr Lebensgefühl trifft einen empfindlichen Nerv bei ihren Feinden, die Freiheit nicht aushalten. Eine von vielen Passantenstimmen: Da wär ein Hitler recht, ein ganz kleiner, dann wär hier Ruh.

gammeln ■ *Eine Gruppe von Jugendlichen hängt 1968 am Monopteros im Englischen Garten in München ab. Das demonstrative Nichtstun an öffentlichen Plätzen ist ein deutlicher Protest gegen das Leistungsdenken der älteren Generation.*

Gefühlsstau ◼ Das Wort erweckt den Eindruck, als könne man Gefühle mit dem motorisierten Individualverkehr vergleichen. Die Vorstellung ist abwegig. Der Akzent des Worts liegt auf dem Stau, womit noch nichts über die Gefühle gesagt ist. Gefühle sind selten sortenrein. Meistens kommen sie gemischt daher: Halb zog sie ihn, halb sank er hin. Beim Mischungsverhältnis kommt es nicht so sehr darauf an, ob die Gefühle miteinander im Streit liegen, eher darauf, ob die Fühlenden einen Ausdruck dafür finden, was sich wie in ihnen mischt. Wenn die Gefühle Amok laufen – das kommt öfter vor, als man glaubt –, dann wechseln sie in atemberaubender Geschwindigkeit ihre Vorzeichen. Gutes wird schlecht, zack, zack, Schlechtes gut. Wichtig ist, es rauszulassen, damit kein Stau entsteht. Tränenlachen kann davon erlösen, ein Wutanfall so gut wie nie. Hilfreich ist in solchen Lagen der Versuch, den Gefühlen sprachlich einen Ausweg zu öffnen. So kann vielleicht ein ungebremstes Aufeinanderprallen von widerstreitenden Gefühlen abgewendet werden.

Gefühlsstau

Hippies

Hippies ■ Plötzlich sind sie da. Sie wollen nicht in den Krieg ziehen, nehmen das Lied »All You Need Is Love« sehr ernst. Mit der APO und der Studentenbewegung an deutschen Unis haben sie nicht viel gemeinsam. Inspiriert von Aussteigern wie dem Dichter Walt Whitman und den Autoren der Beat Generation suchen sie Alternativen zur Leistungsgesellschaft. Sie verkörpern einen Wandel des Bewusstseins, weswegen sie auch bewusstseinserweiternde Drogen nehmen. Zum Musikfestival in Woodstock 1969 kommen 400 000 Menschen. Jetzt scheinen sie eine Massenbewegung zu sein. Doch Richard Nixons Krieg gegen die Drogen setzt dem Hippie-Zauber ein abruptes Ende. Ein Lied aus dem Jahr 1955 wird zu ihrer Hymne: »Sag mir, wo die Blumen sind«. Pete Seeger hat es komponiert, aber erst Marlene Dietrich, 1901 in Berlin-Schöneberg geboren, singt es so, dass darin das ganze Jahrhundert mitschwingt. Das Lebensgefühl der Hippies bringen Lieder von Jimi Hendrix, Jim Morrison und Frank Zappa zum Ausdruck. Wenn sie Drogen nehmen, hören sie Pink Floyd. Bald sind sie weg, in Kathmandu, auf Ibiza, im Leichenschauhaus oder im Gefängnis.

Sex ■ *Der Ausdruck »freie Liebe« scheint sich nicht nur auf vor- bzw. außerehelichen Verkehr zu beziehen, sondern auch auf die Wahl des Ortes für ihre Ausübung. Beim Isle of Wight Pop Festival 1969 ist für ein Pärchen offensichtlich das Zelt zu klein.*

Sex ■ Ob etwas obszön ist oder schön, darüber entscheiden die Falschen. In Schweden ist Sexualkunde für Siebenjährige selbstverständlich, in Deutschland undenkbar. Hier geht es um Aufklärung auf Grundlage christlicher Moral. Sensationell die Entdeckung von Tübinger Biologen, dass ein Borstenwurm sich im Lauf seines Wurmlebens von einem Männchen in ein Weibchen verwandelt. Ein Mädchen, das nachts aus dem Fenster steigt, ist beim Katholischen Jugendferienwerk unerwünscht. FKK-Strände werden abfällig »Nackedonien« genannt. Homosexuellen Männern droht bei Rückfall lebenslängliche Sicherungsverwahrung. Die Kunstschaffenden wehren sich als Erste gegen die allgemeine Prüderie. Beim Filmfestival 1968 in Oberhausen liest ein Penis das neue Filmförderungsgesetz vor, in dem es heißt: »Filme sind von Förderung ausgeschlossen, die das sittliche Empfinden verletzen.« Ein paar Jahre später wird es den Deutschen dank Oswalt Kolle endlich ernst mit der Lust. Auch in den Schulen kann der Wandel nicht mehr ausgebremst werden. Der Aufklärungsfilm »Helga« holt für das breite Publikum nach, was die Hippies schon lange wissen.

Sex

spontan

spontan ■ Spontaneität ist die Bereitschaft, den Kopf zu verlieren und dabei das Richtige zu tun. Die Zeit zwischen Reiz und Reaktion verkürzt sich sensationell. In spontanem Verhalten finden die Gabe des freien Willens und die Klugheit zusammen, um der Intuition zu folgen. Göttliche Eingebung ist etwas anderes. Wissen und Gefühle finden überraschend und beglückend zueinander. Spontan bist du im Hier und Jetzt, nicht übermorgen, schon gar nicht nächstes Jahr. Es mag sein, dass spontanem Verhalten ein Anflug von Reue folgt, doch das bleibt die Ausnahme. In den 60ern ist die Lust daran besonders groß, für andere unberechenbar zu handeln, Eingebungen zu folgen statt Vorgaben von Eltern, Vorgesetzten, Politikern. In der politischen Kultur steht das Spontane unter dem Verdacht, wichtige politische und wirtschaftliche und sonstige Interessen zu missachten. Wer spontan handelt, macht sich bei notorischen Bedenkenträgern höchst verdächtig. Sie halten es für besser, Denken und Fühlen säuberlich voneinander zu trennen.

Studentenbewegung ■ Ihre Vorläufer geben sich Ende der 50er Jahre nicht zufrieden mit der Legende von einer »Stunde null«. Impulse erhalten die deutschen Studenten während Auslandssemestern in den USA. Die amerikanische Bürgerrechtsbewegung und sich radikalisierende Studenten werden Vorbilder. Innenpolitisch antwortet sie auf die erste Große Koalition, die Notstandsgesetze, die erstarkende NPD und den Krieg in Vietnam. Als der Student Benno Ohnesorg am 2. Juni 1967 in Berlin bei den Demonstrationen gegen den Besuch des Schahs von einem Polizisten erschossen wird und zehn Monate später ein Attentat auf den Studentenführer Rudi Dutschke verübt wird, zieht es manche in den Untergrund. Sie rufen zum bewaffneten Kampf auf und bescheren der Bundesrepublik ein bleiernes Jahrzehnt. Ein Kritiker bescheinigt der Studentenbewegung aktivistische Ungeduld, unbedingtes Fordern, Intoleranz und übersteigerte Selbstgewissheit, auch eine illiberale Mentalität. Ihre Provokation hat auch praktisch gewirkt. Wir verdanken ihr die Demokratisierung des Bildungswesens.

Studentenbewegung

VERKEHR

Der Mobilität sind keine Grenzen gesetzt – zu Land, zu Wasser, in der Luft. Pan Am verbindet Europa mit den USA und nimmt Vorbestellungen für Mondflüge an. Auf der Straße sind Kadett, Käfer und Ford Taunus unterwegs. Mit dem Bulli geht's bis nach Indien. Auch die DDR hat ihre Kultfahrzeuge: den Trabi und für die Jugend die Schwalbe von Simson.

Bulli

Bulli ■ Es ist der Kosename für den VW-Bus T1, den Urbulli. Opel Kadett, Käfer und Ford Taunus sind zu klein für kräftig wachsende Familien. Der Pillenknick kommt erst noch. Nicht nur in Kalifornien ist der Bulli das Tourenmobil der Hippies. »Gehst du nach San Francisco / Trag Blumen in deinem Haar«, singt Scott McKenzie. Der Song steht 1967 in Deutschland fast ein halbes Jahr lang auf Platz eins der Charts und begleitet viele hiesige Hippes auf der Reise in den fernen Osten. Auf dem eurasischen Kontinent sind sie in ihrem Bulli unterwegs von Delmenhorst über die jugoslawische Autoput, durch die Türkei und den Iran bis nach Afghanistan und Kathmandu. Die Fahrt führt sie in die Anbaugebiete ihrer Lieblingsdroge. Abenteuerlich wird es bei steilen Pässen. Die nimmt der altersschwache Bulli im Rückwärtsgang oder mit zwei vorgespannten Kamelen, wenn sie verfügbar sind und nicht maulen. Ist er überladen und die Steigung zu stark, wechselt der Bulli eigensinnig die Richtung. Schreck, lass nach!

LUFTKISSENBOOT

Luftkissenboot ■ Dreimal überqueren wir
mit ihm den Ärmelkanal, immer bei schreck-
lichem Wetter, kabbeliger See und mit Luftkissenboote vielen Passagieren, denen es
sehr schlecht geht. Ihr Gleichgewichtssinn
spielt nicht mit. Schon an Land, noch bevor
wir an Bord gehen, werden Tüten verteilt. Das
Personal weiß, warum. Wir wappnen uns mit
zollfreien Alkoholika, Schokoriegeln und Super
Senoritas – das sind Zigarillos, die in der Hand
von milchbärtigen 16-Jährigen sehr albern
aussehen. Sie sind unser Mittel gegen das an-
flutende Elend. In der Luft liegt eine Mischung
aus Diesel, Irish Cream und Zigarrenqualm;
aus dem Bauch des Schiffs wehen Schwaden
von Fish & Chips in Essig herauf. Unser Zauber-
mittel funktioniert. Die ersten Versuche zur
Konstruktion eines Luftkissenboots unternimmt
der Erfinder Christopher Cockerell mit leeren
Blechdosen, einem Föhn und Küchenwaagen.
1955 erhält er für seinen Hover Craft ein Patent.
Luftkissenboote sind rasend schnell, deshalb
auch interessant für das Militär. Die Amerikaner
benutzen sie erstmals im Vietnamkrieg.

Mondlandung ■ Sie gilt als Eroberung des siebten Kontinents. Die Amerikaner pflanzen 1969 als Erste ihre Flagge ins Mondgestein und triumphieren damit beim Wettlauf ins All über die Sowjetunion. Auch die Technik triumphiert. Das Vertrauen in die Fernsteuerung über eine Distanz von 384 400 Kilometern hat sich gelohnt. Nebenbei dient der Flug ins All auch der Erforschung des eigenen Planeten. Man muss sich nur weit genug von ihm entfernen. Spielzeugindustrie und Buchhandel bringen zuhauf Mondschäfchen ins Trockene. Pan Am registriert 16 700 Vorbestellungen für Mondflüge. Trotz der ganzen Aufregung geht die Morgenandacht des NDR und des WDR am Tag der Mondlandung mit keinem Wort auf das Ereignis ein. Himmel!!! Die Astronauten sind die Helden des Tages. Neil Armstrong spricht seinen berühmten Satz. Doch nach ihrer Rückkehr kehrt man schnell zur Normalität zurück. Am Heiligabend 1972 dirigiert Armstrong einen Gospelchor vor der Geburtskirche in Bethlehem. Liegt Günther Anders etwa richtig mit der Beobachtung, die Astronauten fielen einer »Landungsbeschämung« zum Opfer? Ikarus überlebt seinen tödlichen Sturz – als Mythos, an den man sich erinnert.

Mondlandung ▪ *Am 21. Juli 1969 betritt Neil Armstrong als erster Mensch den Mond. 500 bis 600 Millionen Menschen erleben das epochale Ereignis weltweit vor den Fernsehern mit.*

Park-and-ride-System

Park-and-ride-System ■ Wir befinden uns wieder auf der Erde. Staumeldungen im Radio gibt es noch nicht, auch kein Navi-Gerät, das Auswege anbietet. Man muss sich auf Erfahrungswissen verlassen, wenn es überhaupt geeignete Umwege gibt. Straßen in die großen Städte erweisen sich als zu dünne Adern. Sie brauchen Bypässe, am besten weitab, damit es nicht zum Infarkt kommt. Das Verkehrszeichen »Parken und Reisen« wird in Deutschland erst 1972 eingeführt. Aber die Erfahrung, durch den täglichen Stau auf dem Weg zur Arbeit oder nach Hause um die Freude am eigenen Auto und um viel Lebenszeit gebracht zu werden, machen die Menschen schon früher. Die Suche nach Parkplätzen macht sich als wiederkehrende Not bemerkbar. Regionalplaner haben die zündende Idee, das Gute mit dem Angenehmen zu verknüpfen, und entwickeln Vorschläge, wie der Pkw und der öffentliche Personennahverkehr besser miteinander kombiniert werden können. Mit einem Ausritt in den Park hat das nichts zu tun, aber das Missverständnis wird in Kauf genommen. Sind wir nicht alle auch Amerikaner?

Schwalbe

Schwalbe ■ »Fliegt ein Huhn nach Afrika /
Dann ist es eine Schwalbe – / Was die Schwal-
ben in Tunis tun / Warum soll nicht ein Huhn es
tun?« Der Chansonnier Georg Kreisler besingt
1965 Zugvögel. Die Schwalbe, um die es hier
geht, ist aber ein erdgebundenes motorisiertes
Zweirad, wiegt 79 Kilogramm und beschränkt
ihre Bewegungen – von Exporten nach Ungarn
abgesehen – auf das Gebiet der DDR. Nur
ausnahmsweise findet sie in den Westen.
Ab 1964 auf dem Markt, erlaubt sie es auch
Halbwüchsigen, sich motorisiert auf die Piste
zu begeben. Sie ist für zwei Personen zugelassen, was durch die starken Vibrationen bei
höheren Geschwindigkeiten Klammerblues-
Erlebnisse auch im holperigen Straßenverkehr
ermöglicht. Die vorgeschriebene Mindestge-
schwindigkeit auf der Autobahn liegt in der
DDR bei 50 Stundenkilometern. Die Schwalbe
schafft 60 km/h, kann daher mühelos lang-
samere Gefährte und Gespanne überholen.
Im Westen bringt es die Vélosolex nur auf
35 km/h. Bei Kultfahrzeugen für die Jugend
hat die DDR mit der Schwalbe die Nase ganz
weit vorn.

Trabi ■ Sein Name hat nichts mit Pferdesport zu tun. Er ist auch kein Himmelskörper. Das Duroplast, aus dem die Karosserie besteht, bremst in der Presse die Serienfertigung. Das Aushärten der Plaste dauert. Stolz, wer ihn hat. Schlagersängerin Sonja Schmidt wird ihn besingen und damit ihren größten Erfolg feiern. Die Rede ist vom Käfer des Ostens. Er ist billig, rostfrei, robust (nur nicht bei Auffahrunfällen), unbequem, laut und stinkt. Ungenaue bzw. fehlende Tankuhren bereiten Probleme. Man muss sich nach rechts verdreht vorbeugen, um den Benzinhahn auf Reserve zu drehen – ein im Fahrbetrieb mitunter fatales Risiko. Im Motorsport nennt man ihn Rennpappe. Er gilt als sichere Geldanlage, so lange der Mangel garantiert ist. Unbotmäßige Genossenschaftsbauern bieten, um die Lieferung zu beschleunigen, statt Alugeld zwei Tonnen Saatkartoffeln. 1966 kostet er 7850 DDR-Mark, ein durchschnittliches Bruttojahresgehalt. Die Wartezeit, bis er endlich vor der Tür steht, kann über zehn Jahre dauern. In Zwickau erinnert ein Denkmal an ihn.

TRABI

Trabi ■ *Als er neu auf den Markt kommt, wird der Trabi als
ostdeutscher »Volkswagen« gefeiert. Alle wollen ihn haben.
Und sogar sportliche Autofahrer kommen mit der »Rennpappe«
auf ihre Kosten, hier bei einer Rallye um 1969.*

unfallfrei

unfallfrei ■ Was kann in der Weltgeschichte der 60er schon als unfallfrei gelten? In ihr gilt die Formel vom Gleichgewicht des Schreckens. In der Kubakrise schliddert die Welt um Haaresbreite an einem Großunfall vorbei. Im alltäglichen Verkehr tragen Versicherungen das Risiko. Wer sich darauf beruft, schon ewig unfallfrei gefahren zu sein, trifft keine Aussage darüber, was am nächsten Tag passieren kann. Gerne wird die unfallfreie Vergangenheit beschworen, wenn das Gegenteil gerade passiert ist. In der Rechenkunst von Versicherungen führt ein Unfall zu verfallenden Rabatten und einem Ansteigen des Kaskotarifs. Unfallfrei ist daher eine Aussage unter Vorbehalt. Mit der Anzahl der Autos steigt in unserem Jahrzehnt auch die der Unfälle. Der »Siebte Sinn« macht im Fernsehen ab 1966 die automobile Gesellschaft mit den Gefahren des Straßenverkehrs vertraut. Nach und nach entwickelt sich dadurch ein Bewusstsein für die Risiken, aber was hilft das, wenn eine andere Person in Sie hineinsemmelt? Das Pöbeln nach einem Unfall vermeiden Sie besser.

POLITIK

Das Land scheint erwachsen zu werden. Ludwig Erhards Idee von einer »formierten Gesellschaft« weicht der Praxis einer besser informierten und streitlustigen Gesellschaft. Konflikte zwischen den Älteren und der Jugend bleiben nicht aus. Die Kinder wollen wissen, wie die Vorgeschichte ihrer Eltern im Nationalsozialismus ausgesehen hat. Die außerparlamentarische Opposition geht auf die Straße, demonstriert gegen Notstandsgesetze und den Krieg in Vietnam. Die deutsche Teilung wird durch den Mauerbau zum Trauerspiel.

APO ■ Ihre Stunde schlägt, als CDU/CSU und SPD die erste Große Koalition bilden und zusammen über die für eine Verfassungsänderung notwendige Zweidrittelmehrheit im Bundestag verfügen. Die Proteste der Außerparlamentarischen Opposition (APO) richten sich gegen die Notstandsgesetze, die die Bundesrepublik auch in Krisensituationen handlungsfähig machen sollen. Viele fühlen sich an die Ermächtigungsgesetze der Weimarer Republik erinnert. Die APO ist studentisch und antiautoritär geprägt. Kritiker bemängeln, sie sei eine Opposition ohne Basis. Sie scheitere an der Lust zu Provokationen. Sie sei ein Papiertiger. Ihr fehle eine plausible Situationsanalyse. Tatsächlich gelingt es ihr nicht, die Industriearbeiter für ihre Sache zu gewinnen. In Stuttgart skandiert man: »Die das Grundgesetz versauen, muss man auf die Finger hauen.« In Kiel antworten Werftarbeiter auf demonstrierende Studenten: »Wat wüllt ji denn, uns geiht dat doch good!« Mit der Verabschiedung der Gesetze am 30. Mai 1968 endet die Arbeit des »Kuratoriums Notstand der Demokratie«. Immerhin habe sie Fehler in der politischen Verfassung der Bundesrepublik entlarvt, erkennen schon Zeitgenossen an.

APO

Auschwitzprozesse ■ Die am Landgericht Frankfurt geführten Prozesse bezeugen, dass es möglich ist, über den Zivilisationsbruch der Shoah nach den Regeln des Strafrechts und der Strafprozessordnung zu verhandeln. Beim ersten Prozess 1963 bis 1965 werden 22 Angehörige der SS-Wachmannschaften von Auschwitz angeklagt. Nur sechs bekommen lebenslang. Der Autor Peter Weiss nimmt als Beobachter teil und schreibt das Oratorium »Die Ermittlung«, in dem Richter, Anwälte, Zeugen und Angeklagte zu Wort kommen. Er wird damit zur einer wichtigen künstlerischen Stimme der Erinnerung. Er selbst ist mit seiner Familie durch Emigration den Todeslagern entkommen. In »Meine Ortschaft« schreibt er als Überlebender über Auschwitz: »Es ist eine Ortschaft, für die ich bestimmt war und der ich entkam Ich habe keine andere Beziehung zu ihr, als daß mein Name auf den Listen derer stand, die dorthin für immer übersiedelt werden sollten Ich bin hierher gekommen aus freiem Willen Ich bin aus keinem Zug geladen worden Ich bin nicht mit Knüppeln in dieses Gelände getrieben worden Ich komme zwanzig Jahre zu spät hierher«.

Auschwitzprozesse

Bausoldaten

Bausoldaten ■ Die Führung des Arbeiter-
und Bauernstaats erträgt es nicht, dass es
Menschen gibt, die aus Gewissensgründen
den Kriegsdienst verweigern. Sie wollen die
Republik nicht gegen ihre Feinde verteidigen?
Ihr Leben bleibt überschattet von den Folgen
der Gewissensentscheidung. Dass diese
Entscheidung überhaupt möglich wird, ist der
Initiative des Quäkers und Pfarrers Emil Fuchs
zu verdanken. Wer den Dienst an der Waffe
verweigert, wird »Bausoldat«. Man gehört zur
Truppe und trägt Uniform, befindet sich in der
Hierarchie allerdings auf der untersten Stufe.
Die Schulterklappen der Bausoldaten ziert
ein kleiner goldener Spaten, weswegen sie im
Volksmund auch »Spatis« heißen. Im Dienst
müssen sie Grenzanlagen und Schießplätze
bauen – Zermürbung durch Arbeit. Wer auch
das verweigert, landet im Haftarbeitslager
Berndshof. Der Dichter Christian Lehnert
schreibt über seine Zeit als Bausoldat: »die
stampfenden akkorde einer pulsenden halle, /
in der ich nur staunend gehorchte, eins / mit
den befehlen, die mich singend in knochen-
höhlen, / in reih und glied durchstreiften«.

Große Koalition ■ Sie wird seit 1962 disku-
tiert, doch erst am 1. Dezember 1966 ist es
so weit. Alle Einwände gegen sie sind längst
aufgezählt, als sie sich in Bonn mit Kanzler
Kiesinger (CDU) und Vizekanzler Brandt
(SPD) an die Arbeit macht. Die Wirtschaft
fürchtet, dass die Sozialausschüsse der
Union gemeinsame Sache mit den Sozialisten
machen. Tatsächlich werden aus Gegnern
Partner. Vizekanzler Brandt will nicht anders,
nur besser regieren. Auf ihre Agenda kommen
die Finanzreform, das Stabilitätsgesetz und
die Notstandsgesetze. Die SPD werde erst
regierungsfähig, wenn sie durch das Fegefeuer
einer Großen Koalition gegangen sei, meinen
manche. So kommt es dazu, dass Brandt ab
1969 die erste sozialliberale Koalition führt.
Doch auch in der SPD gibt es Kritiker. Sie
nehmen die Vernunftehe ihrer Partei ironisch
zum Anlass, ihr Parteiorgan »Vorwärts« in
»Stop« umzubenennen. Günter Grass nennt
sie eine miese Ehe. Der FDP verhilft die Große
Koalition zu einem unerwarteten Aufblühen.

Große Koalition

Kalten Krieg

Kalter Krieg ■ Er dauert fast ein halbes Jahrhundert. Die Welt gefriert in zwei Machtblöcke. Unabhängige Staaten werden umworben, bedrängt oder werden zum Schauplatz von Stellvertreterkriegen. Die Tatsache, dass der Westen und der Osten durch Atomwaffen sich nicht nur gegenseitig, sondern zugleich die ganze Welt vernichten können, bezeichnet man beschönigend als »Gleichgewicht des Schreckens«. Das Ungeheuerliche zu denken und einzudämmen bestimmt die Außenpolitik. »Unser Dasein unter dem Zeichen der Bombe ist ein völlig unbekanntes Gelände«, schreibt der Philosoph Günther Anders. Doris Day singt das herzige Geigerzählerlied »Tic, tic, tic«. Stanley Kubrick zeigt mit dem Film »Doktor Seltsam oder: Wie ich lernte, die Bombe zu lieben« im Jahr 1964, wie das Ende der Welt aussehen kann, wenn der atomare Schrecken sich durch einen Wahnsinnigen der Kontrolle entzieht. Ein Jahr vorher prägen Egon Bahr und Willy Brandt die Formel vom »Wandel durch Annäherung«. Mit ihr beginnt eine neue Ostpolitik, die das Ende des Kalten Kriegs einleitet. Unheil scheint aufhaltsam.

Mauer ■ Am 15. Juni 1961 fragt Annamarie Doherr, Berlin-Korrespondentin der Frankfurter Rundschau, Walter Ulbricht, den Staatsratsvorsitzenden der DDR: »Herr Vorsitzender, bedeutet die Bildung einer Freien Stadt Ihrer Meinung nach, dass die Staatsgrenze am Brandenburger Tor errichtet wird, und sind Sie entschlossen, dieser Tatsache mit allen Konsequenzen Rechnung zu tragen?« Ulbricht antwortet darauf, scheinbar improvisiert: »Ich verstehe Ihre Frage so, dass es Menschen in Westdeutschland gibt, die wünschen, dass wir die Bauarbeiter der Hauptstadt der DDR mobilisieren, eine Mauer aufzurichten, ja? Ehhm, mir ist nicht bekannt, dass solche Absicht besteht, da sich die Bauarbeiter in der Hauptstadt hauptsächlich mit Wohnungsbau beschäftigen und ihre Arbeitskraft dafür voll ausgenützt wird, voll eingesetzt wird. (Kurze Pause, einstudiert.) Niemand hat die Absicht, eine Mauer zu errichten.« Zur Verneinung nickt Ulbricht ein »ja«. Die Frage, wer dieser Niemand ist, scheint bis heute ungeklärt. Die Fahndung läuft.

Mauer ■ *Anfangs können es die Berliner noch gar nicht fassen, was da geschieht. Zehn Tage nach dem Beginn des Mauerbaus versuchen Berliner Kinder in der Liesenstraße im Berliner Bezirk Wedding einen Blick nach Ostberlin zu werfen.*

MILITARISIEREN

militarisieren ■ Die große Frage im Zeitalter des Kalten Krieges lautet: »Was ist Frieden?« Reicht es aus, ihn als Abwesenheit von Krieg zu verstehen? Welche Motive hat die Lehrerin Rosemarie S., sechsjährige Jungen und Mädchen 1960 im Gleichschritt über den Friedhof marschieren zu lassen, links zwo drei vier? Will sie sie auf etwas Unausweichliches vorbereiten? Bewahrt der Gleichschritt die Kleinen davor zu verglühen, wenn die Wasserstoffbomben gezündet werden? Das Festhalten der Lehrerin an der hergebrachten Ordnung wirkt wie ohnmächtiger Trotz. Ihre Haltung kennzeichnet im Kleinen wie im Großen das Jahrzehnt. Der Kalte Krieg braucht Feindbilder. Im rheinischen Tonfall des greisen Kanzlers Adenauer sind es die Soffjets. Fronterfahrene Lehrer nennen ihn »den Iwan«. Er sitzt in Pankow, in Moskau, in den Kasernen rund um Berlin. Politiker drohen und setzen Ultimaten. Der Ernstfall schwebt über dem Land wie ein Fallbeil an dünnem Faden. An der Idee des Friedens festzuhalten ist eine gedankliche Immunreaktion gegen die mentale Militarisierung.

Ostermarsch ■ Die Ostermärsche gehen zurück auf eine Initiative der »Internationale der Kriegsdienstverweigerer« und prägen in Großbritannien und in der Bundesrepublik eine politische Bewegung gegen den Einsatz von Atomwaffen. Vorläufer gibt es schon in den späten 50er Jahren, als Konrad Adenauer für deutschen Zugriff auf taktische Atomwaffen eintrat. Ab Anfang der 60er Jahre marschieren ihre zumeist jungen Unterstützer von Karfreitag bis Ostermontag dezentral durch das Land. »Leute greift zur Feuerpatsche / stellt den Tütensand bereit / ohne dass ihr es beachtet / ist schon wieder Luftschutzzeit«, singt der Liedermacher Gerd Semmer. Die Ostermärsche mobilisieren auf ihrem Höhepunkt im Jahr 1968 Hunderttausende. In die Nachrichten finden sie aber nur ausnahmsweise. Die Tagesetappen sind über 20 Kilometer lang. Beobachter vergleichen sie mit mittelalterlichen Prozessionen. Manche Kritiker nennen sie naiv. Politischen Großorganisationen sind sie verdächtig. Hat der Osten seine Hand im Spiel? Die Ostermarschierer sind eine Minderheit politischer Realisten. Joan Baez singt 1968 für sie und wird in den Medien deshalb lächerlich gemacht.

OSTERMARSCH

Ostermarsch ■ *Die pazifistischen Ostermärsche der 60er Jahre richten sich gegen die atomare Bewaffnung und das nukleare Wettrüsten von USA und Sowjetunion im Rahmen des Kalten Krieges. Sie finden ab 1960 parallel in verschiedenen Orten der Bundesrepublik statt, hier 1968 in Frankfurt am Main.*

Passierscheine ■ Seit dem Bau der Mauer geben sie in Berlin Anlass zu Ärger und Sorgen. Gibt es sie zu den Festtagen, ja oder nein? Hasen, Igel und Rebhühner brauchen sie nicht, wenn sie leicht genug sind, um nicht die Minen auszulösen. Es gibt Privilegierte, die in beiden Richtungen pendeln dürfen. Als privilegiert gilt auch, wer das Rentenalter erreicht hat und ohne große Formalitäten in den Westen reisen darf. Tschüss! Es gibt sie nur saisonweise, am Vorabend von Ostern, Pfingsten und Weihnachten. Danach ist wieder Sense. Für Ausnahmen (Hochzeit, Taufe, Tod) gibt es eine Härtestelle. Wer Passierscheine als Amtsperson ausgibt, soll Humanität zeigen. Als Gegenleistung für Passierscheine verlangt die DDR von der Bundesrepublik Stickstoff, Phosphate, Maschinen und langfristige Kredite – Freizügigkeit ist Tauschware. Zusätzlich will die DDR um jeden Preis Sitzungen des Bundestages und der Bundesversammlung aus Westberlin fernhalten. Darüber aber lässt die Bundesregierung nicht mit sich verhandeln.

Passierscheine

Republikflucht ■ Das Wort wirft die Frage auf, ob es sich um eine Flucht aus einer Republik oder in eine handelt. Für die westdeutsche Regierung ist die Sache klar: Ihr Anspruch, allein dazu legitimiert zu sein, gesamtdeutsche Interessen international zu vertreten, geht einher mit Zweifeln an der Behauptung, die DDR sei eine Republik. Die versuchte und vollendete Flucht aus der sogenannten DDR wird drakonisch mit bis zu fünf Jahren Haft bestraft. Wer Fluchtvorbereitungen von Nachbarn, Freunden und Verwandten verpfeift, wird hingegen üppig belohnt. Schusswaffengebrauch und Minengürtel an den Grenzen sollen sie verhindern. Dennoch versuchen es Verzweifelte immer wieder. Die Fluchtwege sind abenteuerlich, zu Lande, zu Wasser und durch die Luft. Erst fliehen die Bauern, später auch Facharbeiter und Wissenschaftler. Die DDR ist das einzige Gebiet der Welt, in dem trotz Geburtenüberschuss die Einwohnerzahl abnimmt. Das kommt davon, wenn man seine Bürger wie Geiseln behandelt und Inhaftierte durch den Westen freikaufen lässt.

Republikflucht

Städtepartnerschaft

Städtepartnerschaft ■ Die älteste Städte-
partnerschaft kommt schon im Jahr 836
zwischen Le Mans und Paderborn zustande.
Zwei Bischöfe haben sie ausgeheckt und zur
Bekräftigung Heiligengebeine ausgetauscht.
Nach dem Zweiten Weltkrieg geht es um die
Versöhnung wie etwa zwischen den beiden
schwer zerstörten Städten Coventry und
Dresden. In den 60ern entstehen Partnerschaften mit Frankreich, Großbritannien und Polen.
Manche Städte finden zusammen auf Initiative
von Gastarbeiterfamilien, die in ihrer neuen
Heimat anfangs nicht willkommen sind, aber
nicht aufgeben und Brücken bauen in die alte
Heimat. Was folgt? Man besucht sich, tauscht
Floskelwölkchen aus. Oft fehlen den Partnern
noch die Worte. Aber sie machen Schluss mit
der furchtbaren Idee der Erbfeindschaft und
verschaffen Blasorchestern Auftritte. Einige
stiften Ehen. Man hofft auf neuen Schwung. In
der TV-Show »Spiel ohne Grenzen« erweisen
sie sich als Straßenfeger. Die Wettbewerbe
sind albern, aber so lebendig im Vergleich zu
Schützengräben und Granatwerfern!

STASI

Stasi ■ Das Ministerium für Staatssicherheit der DDR, kurz die Stasi, ist der Geheimdienst der DDR. Zu ihren Spezialitäten gehören das Abhorchen und das Abholen. Und das Misstrauen: Wer ihr gegenüber behauptet, sich für den Sozialismus einzusetzen, erntet zynisches Lächeln. Sie hat offizielle und inoffizielle Mitarbeiter (IM). Manche IMs überwachen sogar ihre Ehefrau. Im Westen verfügt sie über einen Agentenschwarm, der nicht mit Alugeld vergütet wird. Manche erpresst sie. Unüberwachte Kontakte von Mensch zu Mensch sind ihr ein Gräuel. Politisch interessante Westkontakte werden angewärmt, später ausgenutzt. Ihre einfachen Dienstgrade dürfen nur Bulletins mit Auszügen aus westlichen Medien lesen. Misstrauen lohnt sich. Zweifel sind verboten. Sie gilt als das scharfe Schwert der Partei, benutzt für Mordanschläge aber bevorzugt moderne Mittel, auch Gift. Ihr Vorbild ist der sowjetische KGB. Ein KGB-Offizier in Sachsen wird später Präsident Russlands. Der Polizeibeamte, der am 2. Juni 1967 den Studenten Benno Ohnesorg erschießt, ist IM der Stasi. Manche werden durch sie verrückt.

Westbindung ■ Sie verdankt sich dem Misstrauen des ersten Bundeskanzlers gegenüber dem Osten. Er führt die Bundesrepublik in eine Allianz mit Westeuropa und den USA. Aus Siegern und Besiegten werden Verbündete. Das klingt so unwahrscheinlich, dass man sich noch heute darüber wundert. Zeithistoriker nennen die Orientierung nach Westen unvermeidlich und sinnvoll. Kritiker bezeichnen sie als Fessel und als Ergebnis klassischer Machtpolitik. Wer das einsieht, kann auch über den eigenen Schatten springen. Nicht alle springen mit. Die SPD braucht dafür zehn Jahre. Nur Willy Brandt war schon 1950 dafür. Das Liebäugeln von Links- und Rechtsaußen mit Blockfreiheit und Neutralität missachtet die Vorbehalte der Nachbarn gegenüber einem Land, das sie mehrmals überfallen hat. Aus deren Sicht ist die Einbindung der Bundesrepublik eine Bewährungsprobe. Entspricht der Zögling den in ihn gesetzten Erwartungen? Die Ostpolitik der jungen sozialliberalen Koalition ist auch deshalb erfolgreich, weil sie keinen Zweifel an der Westbindung aufkommen lässt.

WIRTSCHAFT

Der Aufschwung geht in den 60ern fast ungebremst weiter. Millionen von Gastarbeitern helfen. Sie seien die ersten Bürger Europas, bescheinigt ihnen ein italienischer Präsident. In den Fortschrittsglauben mischt sich jedoch leiser Zweifel. Konsum wird auch kritisch gesehen.

AUTOMATISCH

automatisch ■ Das Wort weckt Ängste und Hoffnungen. Übersetzt heißt es »freiwillig, aus eigenem Antrieb handelnd«, was den Maschinen einen Eigensinn zuschreibt, der mit Willensfreiheit nichts zu tun hat. Sie führen nur Befehle aus. Techniker überwachen die Arbeit der Automaten. Man schwärmt von der automatischen Sekretärin, die auch Sonderzeichen beherrsche und die bewährte Fachkraft ersetze. Automaten spucken Limonade, Coca-Cola und Kaugummis aus. Billettautomaten ersetzen Straßenbahnschaffner. Hausfrauen freuen sich über Staubsauger, Waschmaschine & Co. Die Automatisierung verändert Privatleben und Arbeitswelt. Noch ist der Fortschrittsglaube ungebremst. Langsam wächst etwas Angst. Übernehmen Maschinen die Kontrolle über uns fehleranfällige Menschen? Vielleicht werde es den »automatischen« Roman geben, der die letzten Zuckungen der Menschheit registriere, schreibt Heinrich Böll. Bei manchen Rednern im Bundestag leert sich die Pressetribüne automatisch, sobald sie ans Pult treten, berichtet ein Korrespondent der Zeit aus Bonn.

Gastarbeiter ■ Die Italiener kommen als Erste, später Griechen, Jugoslawen, Spanier und Türken, als das rasant wachsende Wirtschaftswunderland ab 1955 im Ausland Arbeiter anwirbt. Das Wort macht den Gast zum Arbeiter. Als Gast aber ist er nicht willkommen. Von Nachbarn werden sie misstrauisch beäugt. »Sie behandeln uns wie Hunde«, klagt einer über die Situation nicht nur in den Werken. Es gibt, noch zaghaft, Integrationsangebote: muttersprachliche Radioprogramme, ab 1965 auch TV, täglich zehn Minuten für jede Nationalität. In den nördlichen Seitenschiffen des Kölner Doms feiern türkische Muslime im Februar 1965 das Ende des Ramadans. Kardinal Frings hat es erlaubt. Anfangs wollen nur wenige auf Dauer in Deutschland leben. Das ändert sich. Man ist heimisch geworden. Der Beginn der Rezession macht 1966 auch viele Gastarbeiter nervös. Wer arbeitslos wird und in einer Werksunterkunft wohnt, verliert den Schlafplatz. Der italienische Staatspräsident Giuseppe Saragat bezeichnet die Gastarbeiter als die ersten Bürger eines künftigen Europas.

GastARBEITER

Gastarbeiter ■ *Das erste Anwerbeabkommen für Arbeitskräfte aus dem Ausland schließt Adenauer 1955 mit Italien. 1960 kommen italienische Gastarbeiter mit dem Zug in München an.*

Image

Image ■ In Deutschland fremdelt man damit noch etwas. Aber innere Werte sollen endlich sichtbar werden. Die Wahlkämpfer der SPD zeigen keine Angst vor amerikanischen Methoden. Willy Brandt wird zum »Kennedy von der Spree«. Das Biedermann-Image von Opel (Hut am Steuer) schadet der Beliebtheit nicht. Das Image der deutschen Arbeitgeber wirkt enttäuschend. Da heißt es polieren, es darf nur nicht blenden. Frankfurt sei nicht progressiv. WAS??? Ein Tröpfchen Subkultur könnte nicht schaden. Das Image des deutschen Mannes ändert sich: Er darf jetzt auch als Hilfskraft in Küchen und Krankenhäusern arbeiten. Krupp-Chef Beitz gilt als stahlharter Mann – wenn das kein Image ist! Auch die Evangelische Kirche lässt an ihrem Image arbeiten. Warum vertraut sie nicht ihrer Botschaft und nimmt das nicht selbst in die Hand? Deutsche sind in Italien immer noch unbeliebt. Das Bundespresseamt will das gerne ändern: Kann Fernseh-Familie Schölermann helfen? Oder übernehmen das besser die Italiener, die bei VW arbeiten? Wofür Coca-Cola steht, weiß in Deutschland jeder: Mach mal Pause!

Kernkraftwerk ■ Das Jahrzehnt träumt vom technischen Fortschritt. 1969 liegt der Anteil von Kernkraft auf dem Niveau der Verfeuerung von Holz und Torf. Die Energiewirtschaft setzt auf Kernkraftwerke als künftige Stromlieferanten. Der Exportwert eines großen Kernkraftwerks entspricht dem von 50 000 Volkswagen! Die Technik verstehen nur wenige. Man verkleidet sie als Industriemärchen: »Die Bestandteile des Atomkerns stehen in geheimnisvoller Wechselwirkung.« Kritik äußert sich früh: Aktionärsvertreter Kurt Fiebich verweigert dem Vorstand der Vereinigten Elektrizitäts- und Bergwerks AG (VEBA) die Entlastung, weil sie ein KKW plant. Politikwissenschaftler Wilhelm Hennis zweifelt an der Legitimität von Vorhaben, die fernste Generationen mit Risiken belasten. Gehört Kernkraft zu Deutschland, weil Otto Hahn Frankfurter war und Heinz Haber aus Mannheim stammt? Der Ernstfall der Explosion eines Kernkraftwerks wird verniedlicht mit dem Wort »Energiefreisetzung«. Das Risiko, durch einen häuslichen Unfall zu sterben, sei 5000-mal so groß »wie als Wohnnachbar eines Kernkraftwerks«. Hä?

KernkraftWERK

Konsum ■ Die Herkunft entscheidet darüber, ob das Wort auf der ersten oder der zweiten Silbe betont wird. Im Osten ist »der Kónsum« der Laden um die Ecke. Im Westen steht der Konsum (mit langem u) als volkswirtschaftliche Kennziffer für fast ungebremstes Wachstum. Das Kaufen und Genießen prägen das Lebensgefühl der 60er: Plattenspieler, Illustrierte, Autos, Fernseher – alles verfügbar. Da kann das DDR-Fernsehen gerne weiter von der »Verelendung in der BRD« schwafeln. Der Nachkriegshunger ist gestillt. Jetzt wird er metaphysisch. Wohlstand für alle hat als Parole ausgedient. Askese findet Anklang, nur nicht in Anklam. In Amsterdam gehen die Provos auf die Barrikaden gegen die Konsumgesellschaft. Materielle Genüsse verpönen sie. Die Autos sollen aus der Stadt raus, 20 000 Fahrräder sie ersetzen. Linke Theoretiker behaupten, Konsum mache bequem und unkritisch. Radikale sprechen gar von Konsumterror. 1968 brennen zwei Kaufhäuser in Frankfurt, der Beginn einer bleiernen Geschichte.

KONSUM

LOCHKARTE

Lochkarte ■ Sie prägt die frühe Computer-
technik und ist Vorläufer moderner Daten-
speicher. Daten werden in einen Lochcode
übersetzt und in Karton gestanzt. Von elektro-
mechanischen Geräten können sie ausgelesen
und verarbeitet werden. Metallindustrie und
öffentliche Verwaltung modernisieren sich in
den 60er Jahren durch sie rasant. Große Büh-
nen automatisieren den Lichteinsatz für jede
Szene. 1965 werden alle hessischen Abituri-
enten aus zehn Jahrgängen auf Lochkarten
erfasst – Bildung soll besser geplant werden.
Der Luftverkehr lechzt nach ihnen als Ersatz
für Passkontrollen. Sie entvölkern große
Fabriken. Wo früher 5000 Arbeiter Stahl
kochten, kontrollieren nur noch 500 Arbeiter
Abläufe und Qualität. Gewerkschaften befürchten Arbeitslosigkeit, Machtkonzentration
und soziale Degradierung. Auch Legehennen
werden mit Lochkarten bewertet. In Hamburg
vermittelt ein Computer Partnerschaften. Das
Verhältnis zwischen Angebot und Nachfrage
ist für 25- bis 30-jährige Männer und 40- bis
60-jährige Frauen aus dem Lot geraten.

motivieren

motivieren ■ Das Motivieren führt über die Gründe, etwas zu tun, hinaus. Beim Motivieren geht es um die Beweggründe. Was bewegt einen Menschen zu etwas? Was für eine innere Antriebskraft steckt dahinter? Im Strafprozess will man herausfinden, welche Beweggründe einen Angeklagten zu seiner Tat veranlasst haben. Sind sie besonders verwerflich, führt das zu einer höheren Strafe. In der Wirtschaft geht es um die Beweggründe, die einen Arbeiter dazu veranlassen, mehr und besser zu arbeiten. Der russische Bergbauarbeiter Alexei Grigorjewitsch Stachanow förderte im Jahr 1935 in einer Schicht im Donezbecken das 13-Fache des Solls an Kohle: 102 Tonnen. Arbeitspsychologen grübeln darüber, ob sein Vorbild noch heute nützlich ist. Was bewegt Menschen dazu, mehr zu tun, als sie müssen? Die Frage wird dringlich, wenn die Zufriedenheit nachlässt. Warum soll man über sich hinauswachsen? Leistungsorientierte Vergütungssysteme sollen Anreize schaffen. Lob und Anerkennung kosten die Firma nichts. Wird das Soll zu hoch angesetzt, droht Rebellion.

Zwangsumtausch ■ Vor den Zwangsumtausch haben die Halbgötter des real existierenden Sozialismus das Antragswesen für eine Besuchserlaubnis gestellt. Die entscheidenden Herren tragen in ihren Verliesen hinterm Bahnhof Zoo braune Anzüge, im Sommer kurzärmelige Hemdchen. Wer dann den ersehnten Passierschein in den Händen hält, muss an der Grenze Westgeld in Alu-Chips umtauschen, wie das DDR-Geld verächtlich genannt wird. Er bringt der DDR harte Devisen. Reisende stellt er vor das Dilemma, dass sie nicht wissen, wofür sie ihr DDR-Geld ausgeben sollen. Bücher, Musiknoten und Platten sind spottbillig. Die meisten fahren zu Besuchszwecken in den Osten. Restfamilien finden für Stunden wieder zusammen. Was man nicht ausgibt, wandert in die Sparschweine der Ostverwandtschaft. Auch das Essen und Trinken ist im Osten beschämend billig. Der billige Schnaps und die starken Zigaretten hauen einen um. Erhöhungen des Zwangsumtauschbetrags verringern nur kurzfristig die Zahl der Besuchsanträge.

Zwangsumtausch

Bildnachweis

Umschlag: orangeberry/Shutterstock.com (Muster); Aleksandar Todorovic/Shutterstock.com (Radio); robertlamphoto/Shutterstock.com (Sessel); S. 6: trendywest/Shutterstock.com; S. 8: dpa – Bildarchiv; S. 12 Palau/Shutterstock.com; S. 18 f.: dpa; S. 26: DRA/Gisela Krzywinski; S. 29: ullstein bild – Wolfgang Kunz; S. 30: trendywest/Shutterstock.com; S. 32: dpa – Bildarchiv; S. 34: picture alliance/dpa; S. 37: Pensiri/Shutterstock.com; S. 39: picture alliance/Süddeutsche Zeitung Photo; S. 40: Lisa Norris Arworks/Shutterstock.com; S. 42: Lemon_pie/Shutterstock.com; S. 45: picture alliance; S. 50: Friedhelm Estorff/Süddeutsche Zeitung Photo; S. 54: koyash07/Shutterstock.com; S. 56: picture alliance/dpa; S. 61: ullstein bild – Peter Timm; S. 68: picture alliance/dpa; S. 70: trendywest/Shutterstock.com; S. 73: ddrbildarchiv.de/Süddeutsche Zeitung Photo; S. 78: ullstein bild – Werner OTTO; S. 80: koyash07/Shutterstock.com; S. 83: Xerography/Shutterstock.com; S. 85: Hans Enzwieser/Süddeutsche Zeitung Photo; S. 88: 92: koyash07/Shutterstock; S. 96: ullstein bild – Photo12; S. 99: Alemon cz/Shutterstock.com; S. 100: dpa; S. 102: orangeberry/Shutterstock.com; S. 109: picture alliance/AP Images; S. 112: picture alliance/dpa; S. 116: Meranda19/Shutterstock.com; S. 118: koyash07/Shutterstock.com; S. 121: Jenö Kovacs/Süddeutsche Zeitung Photo; S. 127: In-Finity/Shutterstock.come

Impressum

© Duden 2019   D C B A
Bibliographisches Institut GmbH, Mecklenburgische Straße 53, 14197 Berlin

Texte © Hans Hütt
Redaktion Juliane von Laffert

Herstellung Ursula Fürst, Maike Häßler
Layout und Satz Dirk Brauns, estra.de, Berlin
Umschlaggestaltung Schimmelpenninck.Gestaltung, Berlin
Druck und Bindung CPI books GmbH, Birkstraße 10, 25917 Leck
Printed in Germany

ISBN 978-3-411-74243-1
www.duden.de